1. 2015 年 10 月，在泰州市医药高新区参加小学数学评优课比赛并获一等奖。

2. 2012 年 9 月，开展课题《小学生数学自学实效性的研究》，指导学生阅读数学报刊。

3. 2013 年 10 月，指导 4 位学生参加全国小学生数学日记比赛，均获得全国一等奖。

4. 2015 年 4 月，辅导学生制作航模，与学生讨论数学与科技的秘密。

5. 2014 年 4 月，辅导学生撰写数学日记，学生作品发表在《少年智力开发报》上。

6. 2015 年 12 月，执教泰州市市级研讨课《常见的数量关系》获得好评。

7. 2015 年 10 月，培训泰州市医药高新区数学骨干教师执教观摩课。

8. 2014 年 10 月，与学生开展数学学科活动——神奇的七巧板，学生用七巧板创造出各种美丽的图案。

数眼看世界

游小云　著

东南大学出版社
SOUTHEAST UNIVERSITY PRESS
·南京·

图书在版编目(CIP)数据

数眼看世界 / 游小云著. — 南京:东南大学出版社,2017.4(2020.6 重印)

ISBN 978-7-5641-6996-1

Ⅰ.①数… Ⅱ.①游… Ⅲ.①小学数学课—课外读物 Ⅳ.①G624.503

中国版本图书馆 CIP 数据核字(2016)第 320377 号

数眼看世界

出版发行	东南大学出版社
社　　址	南京市玄武区四牌楼 2 号(210096)
网　　址	http://www.seupress.com
出 版 人	江建中
责任编辑	丁志星
经　　销	全国各地新华书店
印　　刷	石家庄继文印刷有限公司
开　　本	700mm×1000mm　1/16
印　　张	8.75　彩插:0.25
字　　数	160 千字
版　　次	2017 年 4 月第 1 版
印　　次	2020 年 6 月第 2 次印刷
书　　号	ISBN 978-7-5641-6996-1
定　　价	26.80 元

东大版图书若有印装质量问题,请直接与营销中心联系。电话(传真):025—83791830

序

儿童是天生的艺术家，
童心童语，晶莹剔透。
他们眼中的世界——
多姿多彩、五彩斑斓，
犹如一道道七色彩虹。

生活是一个充满数学的世界，
给孩子一双亲近数学的眼睛，
原来数学的思考如此美妙！
给孩子一双发现数学的眼睛，
原来数学的奥秘如此神奇！

一篇篇数学小日记，
一个个数学小故事，
一帧帧数学小漫画，
记录下独特的思考与体验，
留下对未知的期盼和探索……

《数眼看世界》，
一颗芽，破土了，
你长吧！
去收获满园的芬芳，
用知识把我们的世界装点得更美！

袁凤珍（苏州市名教师，高新区小学数学教研员）

目　录

绪论　数学教学中的思考

著名特级教师吴正宪老师特别强调一个小学数学教师要走进学生心中，读懂学生需求，站在学生的视角看数学学习，按照学生的认知规律和心理需求来设计、组织教学。我从读懂学生这一角度展开师生共研：或是我写自学辅导材料给学生进行课前阅读，或是让学生自己写数学日记表达对数学的理解和看法，或是我们一起针对一个问题进行科学研究。

小学生的数学思维是从具体形象思维向抽象逻辑思维逐步过渡的阶段，而操作、体验、猜想、验证永远是学生最好的思维活动形式，只有我们俯下身来走进学生的内心，走进学生的数学世界，欣赏学生日常生活中的数学眼光，才能让学生对数学产生真正的感悟、深刻的体验，最终把这种感悟和体验形成文字，成为一种能力、一种素养、一种文化、一种精神，伴随孩子的一生。

有感于钱学森之问

2005 年，温家宝总理在看望钱学森的时候，钱老感慨地说：“这么多年培养的学生，还没有哪一个学生的学术成就，能够跟民国时期培养的大师相比。”接着钱老又发问：“为什么我们的学校总是培养不出杰出的人才？”这就是著名的“钱学森之问”。它与李约瑟难题一脉相承，都是对中国科学的关怀。

“钱学森之问”是关于中国教育事业发展的一个艰深命题，需要整个教育界乃至社会各界共同破解。钱学森认为：“现在中国没有完全发展起来，一个重要原因是没有一所大学能够按照培养科学技术发明创造人才的模式去办学，没有自己独特的创新的东西，老是‘冒’不出杰出人才。”钱学森之问，包括两个层面：一是学校培养创造发明型人才的模式，二是创新创业型人才在社会上发挥作用脱颖而出的机制。

《义务教育数学课程标准(2011 版)》提出：数学教学中要体现数学源于生活又应用于生活的特点，使学生感受数学与现实生活的联系，感受到数学的趣味和作用，增强学习数学的兴趣和应用数学的信心。“学生是学习的主体，学生学习应当是一个生动活泼的、主动的和富有个性的过程，除接受学习外，动手实践、自主探索与合作交流也是数学学习的重要方式，学生应当有足够的时间和空间经历观察、实验、猜测、验证、推理、计算、证明等活动过程。”从中可以看出：在数学教育教学过程中，要自始至终培养学生的创新意识和应用意识。而现实情况是，新课程标准实施十多年以来，学生在学习中被动式接受知识，最主要的活动就是听，其次就是做，不断地做，不停地写，学生的学习主动性、积极性和能动性丧失。

“一个没有创新的民族是没有希望的民族。”教师必须为学生营造自主学习、创新学习的氛围以实现从小为学生打好数学基础，发展思维能力，培养创新意识的目标。教师要给学生以足够的自主创新的空间，因此我们完全有可能而且有必要培养学生良好的数学学习习惯，掌握创新性的学习方法，使每个学生获得良好的数学知识。指导本校学生创造性地自主学习，培养学生的创新意识和应用意识是时代所需。

2007 年，苏州出台了《苏州市深化素质教育，丰富校园生活，促进学生全面发展的三项规定》，明确规定在完成国家课程计划的同时，要求教师把时间还给学生，把兴趣爱好还给学生，把体育美育还给学生，让我们的学生多一些舒展的空间，多一些尝试的机会，多一些创造的天地，多一分未来发展的应有的良好素质。

小学生的年龄一般在六周岁至十二周岁，在心理学上称为学龄初期。这时期的小学生的心理特点是：1. 对新奇的具体的事物感兴趣，善于记忆具体事实；2. 思维发展的基本特点，从具体形象思维逐步向抽象思维过渡。小学生对周围事物充满好奇，儿童有一种与生俱来的，以自我为中心的探索活动的方式。正如苏霍姆林斯基所说，儿童希望自己是发现者、研究者、探索者。学生不是被动接受知识的容器，而是以自己已有的知识、经验甚至情感为基础的主动建构者。学生的学习过程强调以学生为主，以民主、宽松、和谐的学习氛围为条件，以发挥学生的主动性和积极性为特征，以发展学生的自主性、能动性和创造性为目的。

基于培养学生的创新意识和应用意识，我在我的教学过程中进行过师生共研和撰写数学日记的活动。师生共研和撰写数学日记活动在数学和生活之间架起了一座桥梁，使“用数学的眼光观察生活中的事物，用数学的头脑解决生活中遇到的问题，人人都能获得良好的数学教育”成为现实。

一、关于师生共研

师生共研，顾名思义就是老师和学生一起研究数学，重走数学家走过的路，发现数学、研究数学。我们师生和《时代学习报》“智力加油站”栏目的编辑老师讨论数学趣题、师生一起研究七桥问题，思考过高速公路上的刹车距离，探索过红绿灯的安全时长……我们改变作业形式，采用“4＋X”或“8＋X”，即每天完成4道或8道基础题，另外再选择一道师生共研题，且师生共研题是学生自主选择的，他们可以选择小组研究、同桌研究、师生研究、汇报研究等形式进行研究。

曾经有一位同学研究过“洗衣服的学问”，为漂洗衣服选择方案。

有一次师生共研题是这样的：“脏衣服在用洗衣粉充分洗涤之后，一般先把衣服拧干，排掉污水，再进行漂洗。可现在拧干好大概还留有1千克的污水。现有10千克清水，按以下三种方法去漂洗。

方法一：直接把衣服放入10千克水中，一次漂洗；

方法二：把10千克水分成两份，一份3千克，一份7千克，分两次漂洗；

方法三：把10千克水平均分成两份，每份5千克，分两次漂洗。

哪种洗得最干净?”

我回到书房，把我的思考过程写下来：

(1) $1\div(1+10)=\frac{1}{11}$；

(2) $1\div(1+3)=\frac{1}{4}$，$\frac{1}{4}\div(7+1)=\frac{1}{32}$；

(3) $1\div(5+1)=\frac{1}{6}$，$\frac{1}{6}\div(5+1)=\frac{1}{36}$。

经过对比第三种方法含有的污水最少，我迫不及待地告诉游老师，游老师直夸我是个聪明的孩子。我挠着头笑着说："哪里，哪里，小意思啊！"

最后学生认识到：在同量水的条件下，平均把水分成的份数最多，洗得就越干净。原来洗衣服也有如此大的学问，少用一滴水，呵护我们赖以生存的摇篮——地球。看来生活中处处离不开数学啊！

数学家华罗庚曾说过："宇宙之大，粒子之微，火箭之速，化工之巧，地球之变，生物之谜，日用之繁，无处不用数学。"通过师生共研能真正让学生感受到数学来源于生活，提高他们学习数学的兴趣，使其感受数学的作用。

二、关于数学日记

数学日记，就是让学生以日记的形式记录下自己对数学教学内容的理解、对数学知识的深刻认识和反思以及数学在生活中的应用等。学生在学习过程中遇到的问题、学习的体会、思考的过程都可以写下来，通过写数学日记，孩子们的数学素养和综合能力得到了很大发展。

记得有一位同学在他的数学日记中写道：

今天，我又一次自主学习了第 15 期《时代学习报》的"超级 PK 台"栏目。

看到最后一题"做小旗"了。原题是：一块长 120 厘米、宽 100 厘米的红布，最多可以做多少面直角边是 40 厘米和 30 厘米的三角形小旗？我和我的同桌一起讨论，他说这道题太简单了，我问他是多少？他说结果是 18 面，因为宽里面只能剪 3 行，每行能剪 6 面，一共能做 6×3=18(面)。但我不认为是 18 面，我说出了答案是 20，那个同学偏说我用大面积除以小面积得到 20 面。

过了一会儿，我们去找老师请教。游老师问我能不能用好方法证明自己的答案。我信心十足地说："我们可以在 120 厘米的那条边上放 3 个 40 厘米的直角边，在 100 厘米的边上放 2 个 30 厘米的直角边和 1 个 40 厘米的直角边，这样就可以做出 20 面小旗了。"如下图所示：

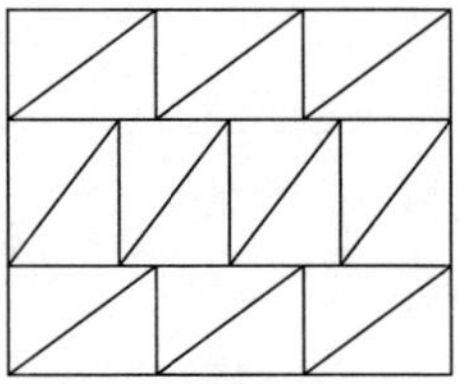

后来我参考了第16期的《时代学习报》，答案竟然写了只能做18面小旗，看来我们学习数学不仅要多思考，还要有创新的思维。

其实何止是编辑，我当时也认为他的20面小旗是用“大面积÷小面积”得出来的，后来他走上讲台，画出图形，在没有浪费布料的情况下得到最佳答案。其他同学则以热烈的掌声对他表示钦佩。

三、阅读＋演讲

有很多数学老师认为，只有语文学科才需要阅读，其实这种观点是不对的。每年暑假或寒假，我都给孩子开出阅读书单，如推荐《数学帮帮忙（全25册）》《数学绘本（全36册）》《李毓佩数学故事集（全7册）》《中国科普名家名作·趣味数学专辑（典藏版）》《好玩的数学》等，或者利用课余时间和学生一起读报，如《时代学习报》《小学生数学报》《少年智力开发报》，或者是读一些数学杂志，如《数学小灵通》，学生在阅读的过程中提高了收集信息的能力，提高了发现问题和提出问题的能力，提高了分析问题和解决问题的能力。

学生所写的数学日记可以走上讲台和全班同学一起分享，自己喜欢的数学文章和同学们一起交流，把自己知道的、看到的、想到的、质疑的、欣赏的数学问题通过演讲分享给其他同学。这样就训练了学生的逻辑思维，提高了学生的理性精神、批判精神。

我教孩子写数学日记

我对学生写数学日记的要求是：把内容写清楚，能让读者看明白就可以。你可以写数学课发生的故事，也可以写生活中的数学故事，还可以是对数学的理解、感受到数学的美妙与神奇……有话则长，无话则短，想写什么就写什么，兴趣第一，内容和形式第二。

四年下来，学生对写数学日记的兴趣越来越浓，数学能力和数学素养也得到进一步的提升。每个孩子的数学日记是我们日常生活作业的一部分，你可以到讲台前来宣讲你的数学日记，也可以把数学日记发表在我们的校报《小眼睛看世界》上，还可以展览在学校的公告栏上，通过各种激励措施，让学生们对写数学日记乐此不疲。

从一开始不知道怎么写，到写的日记内容和形式比较单一，再到现在人人喜欢写，我们学校开展的学生写数学日记可谓是蓬勃发展的。每个学期每个班级都有自己的数学日记集，并且师生一起取了一个动听的名字：《萌日记》《逐梦日记》《学生眼中的数学》《数眼看世界》等。

学生的数学日记有以下选题内容：

一、数学在生活中的应用

数学来源于生活，又回归于生活。学生用数学课堂上所学习到的知识应用于生活实践之中，在数学日记中展示数学和生活的密切联系。

如一个学生在日记中写道：

我把瓶子放在水龙头下面，30 秒的时间我就灌满了 2 升水。这么快啊？我很惊讶。我想我每次洗澡都要 20 分钟，而且水龙头是从来不关的。如果我在洗头涂洗发露、沐浴露时关紧水龙头，最起码也能节约 5 分钟。如果再加快点动作，不就可以再节约 5 分钟，这样一共可以节约 10 分钟。如果每次节约 10 分钟，那我就可以列出以下的算式：$10\times60=600$(秒)，$600\div30=20$(瓶)；$20\times2=40$(升)。我每次洗澡就可以节约 40 升水！我一年淋浴洗澡 300 次，可以节约的水量就是 $300\times40=12000$(升)，每个人每天喝 1200 毫升水，那我一年节约的水可以供 $12000000\div1200=10000$(人)喝。

通过今天的实验与计算，我感受到自己平时的坏习惯造成的巨大的浪费，以后一定要养成节约用水的习惯。

二、课堂的收获与质疑

由于课堂时间和空间的限制，或者是老师没有给学生和大家交流的机会，那么学生就可以借助数学日记把对数学知识的理解、对问题的分析和思考一一记录下来，通过文字对话给老师以教学反馈，以便其调整教学设计。记得我教过这样一位女生，那次在讲评数学试卷过后，我建议大家建立错题集，把错误的试题抄下来以便于日后复习。这时她举起手，而我为了把这份试卷讲完，竟然忽略了她的举手发言。

后来她把这件事写进了她的数学日记，在日记中她写出了自己举手的想法，是想把她整理错题集的方法分享给大家。她的错题集总共分成四部分，而不是简单地抄题。错题集分为：原题、错误原因、正确解法和类似题型。看了她写的数学日记我那个后悔呀，当时怎么就没有让她把话说完呢？第二天下午我请她走上讲台担任我的助教，让她在全班同学面前分享她整理错题集的方法。

三、记录独立思考的数学体验

数学课后，我们班级通常开展“师生共研”活动，在探索数学问题的过程中，学生把对问题的分析、探究和解决的过程记录下来，在记录的过程中，提高了学生发现、提出、分析和解决问题的能力。

如一位同学在他的数学日记中写道：

今天下午，阳光明媚，我和一个小伙伴正在小区里漫步，一幢高大的新建楼房映入了我们的眼帘，我好奇心突发：不如来测量一下这幢房子的高度吧。看看谁想出的方法多。

小伙伴先灵机一动，他随手拉了一根绳子，从二楼的窗口抛向地面，我在楼下尽量让绳子垂直于地面，在绳子上做了一个标记，绳子长 3.3 米，再乘上楼房的层数，就 $3.3\times8=26.4$(米)了。我毫不示弱，面对着太阳，我恍然大悟，我就用影长的知识来解答。我们先一丝不苟地测量了我身高的影长，大约是 30 厘米，我的身高是一米五，身高与影长的比就是 $5:1$，我们又仔细地测量了楼房影长的高度，大约是 5.2 米，$5.2\times5=26$(米)。看来这次的 PK 打了个平手啊！

通过这次巧测楼房的高度，我对数学产生了更加浓厚的兴趣，数学神秘莫测的力量可以像魔术师那样让一件看似几乎不可能完成的事变得格外简单，这在日常生活中大大地帮助了我们。

数学日记的内容主要有数学在生活中的应用、课堂的收获与质疑、独立的思考和体验的记录，还有总结自己学习方法、编写数学童话、画数学故事等等。数学日记这种形式，培养了学生的创新意识和应用意识，提升了学生的数学素养。

学生数眼看世界

孩子眼中的数学世界是什么样的？学生通过什么来记录数学课堂？在我多年的教学实践中可知，数学日记可以记录他们的数学课堂。在日记中，孩子们把40分钟的课堂进行回味与反思，可以记录对数学课堂的体验和感受，留下对数学知识的思考与质疑，留下对未知的期盼和探索。

在数学日记中，孩子们可以记录数学的思考，可以记录数学在生活中的运用，可以记录有趣的发现，还可以记录自己编写的数学童话故事……

有一位小朋友在数学日记中这样写道：

舅舅送给了我一台笔记本电脑，让我更加方便地学习。我开心地享受着电脑带给我的乐趣。在快乐的同时，我眼睛的度数“噌噌”地往上涨。为了我的视力，妈妈设置了密码。

一天，妈妈出门去了。我偷偷地把电脑打开，原来是四位密码，心想：“这个密码只有四位，我为什么不多猜几次呢？说不定我就可以打开电脑呢。”

说试就试。我从“0”开始：0000、0001、0002……试了5分多钟，我才试到0569。这一共到底有多少个密码呀？我要试到什么时候呀？突然，一个念头从脑子里闪过：“与其在这儿浪费时间，还不如算算如果要破解密码，一共要试几次？至少要多长时间？”

我拿起笔：第一位可以输入十个数字，第二位也可以输入十个数字，如果是两位密码就有$10\times10=100$种密码，三位密码就有$10\times10\times10=1000$种密码，四位密码也就有$10\times10\times10\times10=10000$种密码。如果试一个密码要5秒，10000种密码就是$10000\times5=50000$(秒)，也就是14个小时。破解一个四位密码居然要14个小时！我把算式看了又看，发现了一个问题：我没有把字母算进去。我又重新算了一遍：$(26+10)\times(26+10)\times(26+10)\times(26+10)=1679616$种，$1679616\times5\div60\div60=2332.8$(小时)。破解一个四位密码的真正时间应该是2333小时！

一个小小的密码居然有这么大的玄机！

我这样点评到：

小密码，大玄机！说得多好呀！学会收集数据、整理数据、分析收据、处理信息是现代公民必须具备的数学素养之一。本文中的小作者对四位密码进行一一列举，对自己的兴趣、好奇的知识进行研究。好奇心是一切学习的开始，有序思考是一种重要的解决问题的策略，孩子在运用策略的基础上体会到组合与排列的奥秘。

学生的数学世界就是这样丰富，孩子从小就养成了“数学看世界”的意识和能力。学会用数学的眼光看待自己的生活世界，用数学的头脑分析和思考问题，这对孩子们的数学学习十分重要。

着眼于学生未来的发展

作为老师，你知道孩子喜欢什么样的数学课堂吗？

作为老师，你理想中的数学课堂是什么样的？

教师有自己的理想课堂，孩子也有他们喜欢的数学课堂。什么样的课堂能够赢得学生的喜爱？什么样的课堂能够着眼于孩子未来的发展？

华东师范大学教授叶澜曾指出：“课堂教学应被看做师生关系中一段重要的经历，是他们生命中有意义的构成部分。对于学生而言，课堂教学是学校生命的最基本的构成部分，它的质量直接影响学生当前及以后的多方面发展和成长。”

什么样的课是好课？在学生眼中，能帮助学生解决几个问题，学到新的知识；能不停地鼓励他们，对学生的错误不要过多地批评；能很好地组织课堂教学，把课堂的话语权交给学生。一节好课是着眼于学生未来的发展，教师就是播种者，播下智慧、播下思想、播下创新、播下希望、播下精神……

一、在体验中学习，激发数学兴趣

《义务教育数学课程标准(2011 版)》倡导学生主动参与，乐于探究，勤于动手，强调积极主动的学习态度，使获得基础知识与基本技能的过程同时成为积累数学活动经验和渗透数学思想的过程。因此在课堂上，我们要鼓励学生质疑，激发学生的学习兴趣。

在课堂上，教师要创设各种问题情境，给学生足够的时间和空间经历尝试、探究、猜想、验证、计算和推理等思维过程。

在教学“圆的周长”这一内容时，我创设了这样的情境：

从滚铁环引入

谈话：滚铁环游戏你玩过么？来看看是怎么玩的。（播放滚铁环视频）

假如游老师给你三种铁环（直径分别是60厘米、50厘米和40厘米），游戏规则是：一起开始滚动一周，谁的距离远谁就获胜，你会选择哪一种？为什么？

交流：第1个，因为第1个滚得最远，铁环最大！

谈话：铁环滚动一周所行的路程，其实就是这个铁环的周长。

启发：你能把这个铁环的周长算出来吗？能用语言描述一下，什么是铁环的周长吗？

汇报：指出铁环的周长。

谈话：这三个铁环，哪一个铁环的周长最长？

交流：直径60厘米的铁环的周长最长，直径40厘米的铁环的周长最短。

设疑：你觉得铁环的周长可能和什么有关系？有怎样的关系？

在新课导入部分一定要简短、简洁，要激发学生的学习兴趣，点燃学生的求知欲望。

二、在操作中学习，引发数学思考

子曰：“吾听，吾忘；吾看，吾记，吾做，吾悟。”著名心理学家皮亚杰说：“儿童的思维是从动作开始的，切断动作与思维的联系，思维就不能发展。”在数学教学过程中，需要经常让学生动手试一试，让学生在操作中学习数学，理解数学。

在教学《平行四边形》时，我组织学生做一个平行四边形的活动。

谈话：同学们都认识了“平行四边形”，闭上眼睛在小脑袋里想一想平行四边形是什么样子的。好，脑子里有平行四边形的样子了吗？如果老师让你做一个平行四边形，你准备怎么做？

学生思考。

学生用手头材料做，做完后交流：“我是怎么做平行四边形的？”教师巡视指导。

谈话：谁愿意上台来展示自己是怎么做的？

生1：我用钉子板围的；

生2：我用小棒摆的；

生3:我在方格图上画的;

生4:我是直接折的;

生5:我是用剪刀剪的。

谈话:同学们想出的办法真多,请同学们观察一下自己面前的平行四边形,它的边有什么共同特点呢?

在做平行四边形的过程中,我利用了多元表征的理论,让学生从多方面去理解和感悟平行四边形的特征,把操作和数学思考紧密结合,把动手和概念理解紧密联系。通过操作,让学生在操作的过程中积累数学经验,为理解平行四边形的特征提供感性支撑。

三、在应用中学习,提高应用意识

教师不仅要让学生获得良好的数学教育,而且要着眼于学生未来从事任何职业都需要具备的数学素养。应用意识有两个方面的含义:一方面,有意识地利用数学的概念、原理和方法解释现实世界中的现象,解决现实世界中的问题;另一方面,认识到现实生活中蕴含着大量与数量和图形相关的问题,这些问题可以抽象成数学问题,用数学的方法予以解决。

数学教学,要架起学生的“经验世界”和“数学世界”的桥梁,让学生感受和体验数学的魅力与价值,提高学生学习的兴趣和自信心。在实际教学中,我鼓励学生写数学日记,学会应用数学知识去解释生活中的现象,解决生活中的问题。

有一位同学在他编写的童话故事中记录下这样一段话:

一天,聪聪去探望一位土豪。刚走进院子,他就看到院子中有一个大笼子,里面装着鸡和兔子,但数不清各有多少只。他问了问土豪:“爷爷,这笼子里一共有几只鸡、几只兔啊?”土豪便乘机出了一道题:“鸡和兔子共15只,脚共有40只,鸡和兔各有多少只?”“老师刚教过一一列举的策略,正好可以用在这。”他心里窃喜道。于是他拿了一张纸,按照“脚共有40只”的条件填写了下表:

兔(只)	0	1	2	3	4	5	6	7	8	9	10
鸡(只)	20	18	16	14	12	10	8	6	4	2	0

表中只有10+5=15(只)符合另一个条件,所以答案很明显:鸡有10只、兔有5只。

土豪说:“我有我的方法,想不想听听?”

“还有其他的方法?”聪聪感到很诧异。

“当然有了!”只听到土豪吹了一声哨,那些鸡和兔都训练有素地抬起一只脚,这时笼子里还剩 40－15＝25(只)脚。土豪又吹了一声哨,鸡和兔又抬起一只脚,笼子里只剩下 25－15＝10(只)脚了,这时鸡都在笼子里飞,而兔子还剩两只脚站着。所以兔子是 10÷2＝5(只),那么鸡有 15－5＝10(只)。“这个方法不错吧!”土豪得意地看着聪聪说。

聪聪感叹道:“真不能死读书啊,到头来还没一土豪算得快。”

这位同学在学习了《解决问题的策略——列举》之后写下的一个童话故事,也是我国古代非常有名的数学问题,即“鸡兔同笼”。任何数学知识和生活都是有联系的,数学来源于生活,又回归于生活、应用于生活,在实际教学中,我们要把数学和生活紧密联系起来,提高学生的应用意识。

四、在自主中学习,提升数学素养

有人认为:“教书有三个境界,第一个境界是教知识,第二个境界是教方法,第三个境界是教思想。”数学思想方法是学生认识事物、学习数学的基本依据,是处理数学问题的指导思想和基本策略,是学生数学素养的核心。《义务教育数学课程标准(2011 版)》提出了数感、符号意识、空间观念、几何直观、数据分析观念、运算能力、推理能力、模型思想、应用意识和创新意识等十个核心词。模型思想是在《义务教育数学课程(实验稿)》的基础上新增加的核心词之一,也是学生数学学习的核心素养之一。

在《常见的数量关系》教学中,我把“单价、数量和总价”“速度、时间和路程”这两个数量关系用线段图来表示。

谈话:单价、速度可以用这样的一段线段表示,3 支或 3 时我们就用这样的三段来表示。今天我们学习的两个数量关系可以用下面的线段图表示。

启发:整条线段表示什么数量呢?

交流:总价或路程。

引导:看到这幅线段图,你能想到什么?

交流:单价、速度我们可以看作是每份数,数量、时间我们可以看作是份数,用每份数乘份数我们可以求出总数。

启发：线段图中的每一份还可以表示什么吗？

汇报：每一份还可以看做是每天完成的工作量，或我们每分钟完成的口算计算题，整条线段表示的是完成的工作总量。

回味：刚才我们说速度是不能直接测量的，而是通过计算的，例如：8.5 米/分，这个复合单位是不是也隐藏着一个数量关系呢？12 元/本又表示什么数量关系呢？带着这样的问题课后我们再思考。

课后，很多有兴趣的学生在老师问题的引领下继续思考，12 元/本包含了“单价＝总价÷数量”的数量关系，8.5 米/分包含了“速度＝路程÷时间”的数量关系。在教学过程中，我们应让学生有更多的时间和空间去掌握数学思考的方法，体验数学问题解决的变化与联系，回味数学理性的美，最终提升学生的数学核心素养。

《义务教育数学课程标准(2011 版)》提出：“模型思想的建立是学生体会和理解数学与外部世界联系的基本途径。建立和求解模型的过程包括：从现实生活或具体环境中抽象出数学问题，用数学符号建立方程、不等式、函数等表示数学问题中的数量关系和变化规律，求出结果并讨论结果的意义。这些内容的学习有助于学生初步形成模型思想，提高学习数学的兴趣和应用意识。”在教学中，渗透数学思想方法，可以使学生自觉地将数学知识转化为数学能力，提升自身的数学素养。

学生是处于快速发展阶段的人，我们要着眼于学生的未来发展而教，让学生在学习过程中多一些体验、多一些操作、多一些应用、多一些自主，在过程中发现数学的美妙、神奇，感受数学的价值。

第一章　美妙的思考

数学是美妙的，她的美妙在于我们总能从生活中寻找到数学的影子并自觉地运用数学的眼光去思考、分析生活中的实际问题；数学是神奇的，它的神奇在于我们运用数学来解决生活中的实际问题；数学是好玩的，学习数学的乐趣在于引发我们进行数学思考，发现生活中的变化规律，学会数学地思维、数学地思考、数学地生活。

“做小旗”的奥秘

苏州外国语学校五(2)班　朱启程

今天，我又一次自主学习了第15期《时代学习报》的“超级PK台”栏目。

看到最后一题“做小旗”了。原题是：一块长120厘米、宽100厘米的红布，最多可以做多少面直角边是40厘米和30厘米的三角形小旗？我和我的同桌一起讨论，他说这道题太简单了，我问他是多少？他说结果是18面，因为宽里面只能剪3行，每行能剪6面，一共能做6×3=18(面)。但我不认为是18面，我说出了答案是20面，那个同学偏说我用大面积除以小面积得到20面。

过了一会儿，我们去找老师请教。游老师问我能不能用好方法证明自己的答案。我信心十足地说：“我们可以在120厘米的那条边上放3个40厘米的直角边，在100厘米的边上放2个30厘米的直角边和1个40厘米的直角边，这样就可以做出20面小旗了。”如下图所示：

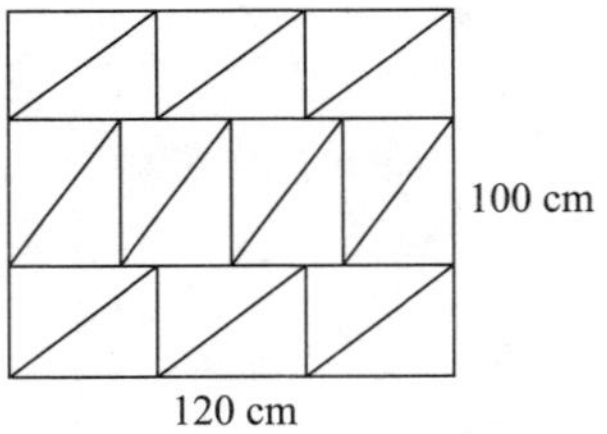

后来我参考了第16期的《时代学习报》，答案竟然写了只能做18面小旗，看来我们学习数学不仅要多思考，还要有创新的思维。

游老师的话

学贵有疑！数学是神秘而又浅显的。正因为如此，我们小朋友对数学产生了浓郁的兴趣和探索的欲望，正因为在我们不断地探索数学真相的过程中，我们认识到“学习数学不仅仅要多思考，还要有创新的思维”。谁能想到要把三角形颠倒一下进行摆放呢？真是一位热爱思考的小朋友！一个五年级的孩子，能借助画图的策略对数学有这么深刻的理解，令我感到赞叹！

买不花钱的书

苏州外国语学校四(5)班　崔继森

一大早,妈妈就对我喊道:“森森,我们吃完早餐去小商店里买一些东西,好不好?”“唉,好吧。”我不乐意地说道。心想:完蛋了,我计算不好,妈妈肯定让我先算一算,再付钱!我的脸上立刻露出伤心的表情,妈妈看见我,偷偷地笑了。

吃完早餐,我们就开车到小商店去,一下车,只见门口立着一张广告牌,上面写着:今日本店大销售,满150元立减15元,快来抢买!看见了这句话的我,一下子把烦恼抛到了九霄云外,兴冲冲地跑进了商店,妈妈一下子傻了眼,轻轻地说:“太阳从西边出来了,森森,你不是最怕逛商店的吗?今天怎么……?”

妈妈只好也跟着我进了商店,商店里可真热闹啊!我东瞧瞧,西看看,不一会儿,就买了一大筐商品。妈妈把商品让收费员算了一下,一共135元。妈妈刚想把150元给收费员时,我灵机一动,对妈妈说:“妈妈,你先别给钱。”说完我立刻拿了一本15元的书给了收费员,一共150元,再送15元,等于没有花钱。妈妈笑着对我说:“有进步!”

经过了这件事,我懂得做事都要先思考!

游老师的话

真是一个乐于思考又会精打细算的孩子!孩子凭借他对数学的理解感受到了数学的重要性。反思我们的课堂教学——创设虚假情景,更多的是出题做题、你问我答……这样的课堂如何才能提高学生发现、提出、分析和解决问题的能力?我相信这样善于思考的孩子不仅能够学好数学,而且能够解决生活中的数学问题。

土豪家的鸡和兔

苏州外国语学校五(1)班　张玄韬

一天，聪聪去探望一位土豪。刚走进院子，他就看到院子中有一个大笼子，里面装着鸡和兔，但数不清各有多少只。他问了问土豪："爷爷，这笼子里一共有几只鸡、几只兔啊？"土豪便乘机出了一道题："鸡和兔共15只，脚共有40只，鸡和兔各有多少只？""老师刚教过一一列举的策略，正好可以用在这。"他心里窃喜到。于是他拿了一张纸，按照"脚共有40只"的条件填写了下表：

兔(只)	0	1	2	3	4	5	6	7	8	9	10
鸡(只)	20	18	16	14	12	10	8	6	4	2	0

表中只有10＋5＝15(只)符合另一个条件，所以答案很明显：鸡有10只、兔有5只。

土豪说："我有我的方法，想不想听听？"

"还有其他的方法？"聪聪感到很诧异。

"当然有了！"只听到土豪吹了一声哨，那些鸡和兔都训练有素地抬起一只脚，这时笼子里还剩40－15＝25(只)脚。土豪又吹了一声哨，鸡和兔又抬起一只脚，笼子里只剩下25－15＝10(只)脚了，这时鸡都在笼子里飞，而兔子还剩两只脚站着。所以兔子是10÷2＝5(只)，那么鸡有15－5＝10(只)。"这个方法不错吧！"土豪得意地看着聪聪说。

聪聪感叹道："真不能死读书啊，到头来还没一土豪算得快。"

游老师的话

一句"真不能死读书啊"道出了孩子对学习方式的理解，或许这就是新课程改革下孩子们的幸福之处！一个五年级的小学生能从一道数学题的思考改变了数学的学习方式，明白数学回归生活时要活学活用的道理，真的了不起！从他对"训练有素"这一解法的理解，能够感受到他觉得数学是十分有趣的！

巧测楼房的高度

苏州外国语学校六(2)班　陆又村

今天下午，阳光明媚，我和一个小伙伴正在小区里漫步，一幢高大的新建楼房映入了我的眼帘，我好奇心突起：不如来测量一下这幢房子的高度吧。看看谁想出的方法多。

小伙伴先灵机一动，他随手拉了一根绳子，从二楼的窗口抛向地面，我在楼下尽量让绳子垂直于地面，在绳子上做了一个标记，绳子长 3.3 米，再乘上楼房的层数，就是 $3.3\times8=26.4$(米)了。我毫不示弱，面对着太阳，我恍然大悟，我就用影长的知识来解答。我们先一丝不苟地测量了我身高的影长，大约是 30 厘米，我的身高是一米五，身高与影长的比就是 $5:1$，我们又仔细地测量了楼房影长的高度，大约是 5.2 米，$5.2\times5=26$(米)。看来这次的 PK 打了个平手啊！

通过这次巧测楼房的高度，我对数学产生了更加浓厚的兴趣，数学神秘莫测的力量可以像魔术师那样让一件看似几乎不可能完成的事变得格外简单，这在日常生活中大大地帮助了我们。

游老师的话

“数学神秘莫测的力量可以像魔术师那样让一件看似几乎不可能完成的事情变得格外简单，在日常生活中大大帮助了我们。”这是多么贴切的比喻呀，不但说出了数学的魔力，而且说出了生活中处处需要使用数学。多么朴实而又聪明的孩子呀！在我们不断探索数学的过程中，经历了一次又一次的困难、挫折，但这样的磨炼增强了我们永不放弃、勇攀数学高峰的信心和勇气。加油，小伙子！游老师看到你出彩的数学日记，给你点赞！

巧用梯形面积公式求和

苏州外国语学校六(2)班　吴冠杰

“1＋2＋3＋4＋…＋100”这样一个长的加法算式，看起来一定很眼熟，这就是高斯在小时候用等差数列算出结果的算式。高斯把“1和100，2和99，3和98……”每两个数各看成一组，它们的得数都是相等的，一共有“100÷2”组这样的算式，所以结果就是(1＋100)×100÷2＝5050。这里的1是首项，100是末项，50是项数。

“1＋2＋3＋4…＋100”这个算式也可应用梯形的面积公式求和，把1看作是上底，100看作是下底，100个数可以看作是高，即：(1＋100)×100÷2。

我把我的发现告诉了同学们，有一位同学提出一个新的问题：“2＋4＋6＋8＋10＋12＋14＋16＋18＋20”这组数据中，每相邻的两个加数相差2，可以用梯形的面积公式来计算吗？我们又一次进行了探索，最后得出结论：只要一组数据的每两个相邻加数的差都相同，就能用梯形面积公式来计算这组数据的和。上一组数据的结果是(2＋20)×10÷2＝110。

这样一来只要记住一个梯形面积公式就可以掌握求梯形面积的方法和等差数列的简便算法，真是一箭双雕啊！

游老师的话

在孩子们的眼中数学是神秘有趣而又易学的，是数学的神秘有趣激发了孩子学习数学的兴趣，是孩子的兴趣使他们觉得数学简单容易学。在学习过程中，我们的孩子不断地思考和总结，发现了梯形面积公式还可以求出等差数列的和，这不正是我们所讲的“数形结合”的思想吗？孩子由衷地发出“真是一箭双雕啊”的感慨，既道出了他“千金难买回头看”的喜悦，又在督促我们老师：如何让学生感受到数学的神秘有趣？如何让学生感受到数学学习的容易？

最多能买几瓶水?

苏州外国语学校六(3)班　陈乐欣

今年暑假的一天下午,天气凉爽。我和爸爸各自骑着自行车到石湖边溜达去了。一个多小时过去了,我们饱览了石湖的美景,可是一开始我们带的那一杯水早已被我俩喝得一干二净了。现在我俩饥渴难耐地骑向一个小卖部买矿泉水。这个小卖部门口有个显眼的牌子,上面写着每瓶水1元,每3个空瓶子可换一瓶水。爸爸掏出了2元钱给老板,说:"老板,买2瓶水。"我一拿到水就和爸爸如饥似渴地喝起来。不一会儿,我们的手中就有了一个空瓶子。

在回家的路上,爸爸对我说:"让我来考考你。请问用10元钱能换多少瓶矿泉水?"我想:10瓶水喝完,拿9个空瓶子换了3瓶矿泉水,3个空瓶子又换了1瓶矿泉水,最后还剩下两个空瓶子。我郑重地对爸爸说:"爸爸,我算出来了,是14瓶矿泉水,还余下2个空瓶子。"爸爸笑了笑,说:"你再好好想一想,我们可以再向杂货店老板借1个空瓶子呀!"我若有所思:这样的话,我们就还有3个空瓶子,3个空瓶子又可以换1瓶矿泉水,可以喝完后再把空瓶子还给老板呀!我兴奋地大声说:"噢!我们可以喝15瓶矿泉水。"爸爸听了点头称赞。

一个人在日常生活中,做每件事情都离不开数学,可见数学与我们的关系是多么密切呀!

游老师的话

"做每件事情都离不开数学,可见数学与我们的关系是多么密切呀!"这么一句朴实的话语,是孩子用心的发现和深刻的感悟。新课程理念注重培养孩子的创新意识和应用意识,"向老板借一个空瓶子,喝完再还给老板",这么巧妙的方法我却没有想到,这不正是我们需要的创新意识吗?说不定在借空瓶子的时候还培养了我们孩子的表达能力呢!

老爸的诡计

苏州外国语学校四(5)班　李菲菲

“菲菲，今天带你去看电影，但是有个条件。”爸爸说。“真的吗？什么条件？别卖关子了！”我着急地说道。“问你一道趣味题，回答出来是对的，我们就走。”我想了想说：“呃……好吧，我最喜欢思考趣味题啦！好，你问吧！”

爸爸说：“王阿姨出去买水，买满4瓶送1瓶，3个空瓶子可以换1瓶，王阿姨买了8瓶，问：王阿姨最多可以喝到多少瓶水？”

我急了，这么难？心想：真可气人，就是想把钱省下来买烟，我不会让你的阴谋得逞的！我回房间拿起笔和本子比划起来。嗯……买了8瓶，哦，原来是这样：8÷4＝2(瓶)，8＋2＝10(瓶)，10÷3＝3(瓶)……1(个空瓶子)，1＋3＝4(个空瓶子)，最后剩下4个空瓶子，拿其中的三个去换1瓶，又增加了1个空瓶子，加上原来的1个，总共有2个，我们可以先向老板借1瓶，喝完，把最后的3个空瓶子换成1瓶水还给老板，有借有还，再借不难嘛。10＋4＋1＝15(瓶)。“一共得到15瓶！”“菲菲，你终于有长进了？唉，我也买不了烟了！”我们哈哈大笑。

后来我们去看了电影，真开心。

游老师的话

又是一个“最多能喝几瓶水”的话题，这篇数学日记在上一篇的基础上又丰富了新的内容。孩子从一开始就表达了“最喜欢数学趣味题了”，到最后“我不会让你的阴谋得逞的”，多么自信而又聪明的孩子呀！一个四年级的孩子能够运用自己学习的策略解决生活中的实际问题，对数学又有如此深刻的领悟，相信她一定能把数学学得越来越好！孩子，祝福你！

乘地铁，学数学

苏州外国语学校四(3)班　陈欣妍

今天我和爸爸坐地铁去文化博览中心游玩，在这当中我明白了一个道理。

我们先来到地铁站，发现有19站，每一站之间要运行2分钟，每一站的中间停车时间是1分30秒，这时爸爸给我出了一道题：从木渎到文化博览中心一共需要多少时间？

我想了想说："19站减去我们在的1站，一共18站路。18乘以2分钟就是36分钟，再加上停车的27分钟，一共是63分钟。"爸爸笑了笑说："我还有另外一种算法哦，你还能想出来吗？"我歪着头又认真地想了想："啊，我知道了。把每一站之间的时间加上停车时间，3分30秒乘以18站，算出来一共要63分钟。爸爸，对吧。"

爸爸笑眯眯地点点头说："对了，生活中有许多数学小问题等着你去发现，加油哦！"我高兴极了，下次我还要多发现一些藏在身边的数学小奥秘。

游老师的话

"下次我还要多发现一些藏在身边的数学小奥秘。"多么好学又聪明的孩子，这句话中又透露出孩子对数学的执著与痴迷！数学来源于生活，又回归于生活，它能帮助我们解决生活中的问题，教会我们多角度地去分析、思考问题。孩子，生活中还有许多的数学小问题等着你去发现，加油！

小符号，大用处

苏州外国语学校四(3)班　王涵兮

今天，我和小伙伴们一起玩，我忽然想起自己做过的一个数学游戏。我对小伙伴们说："考考你们，一个算式，前面的几个数字完全相同，可是得数会不会完全不同呢？"顺顺立刻说："肯定不会啊！"飞飞想了一会儿说："应该会，因为运算符号不同。"我笑眯眯地说："咱们来试试看吧！"

我拿出纸笔，把我做过的游戏写了下来。他们都好奇地围了过来。我写的是：

4　4　4　4＝0

4　4　4　4＝1

4　4　4　4＝2

4　4　4　4＝3

4　4　4　4＝5

4　4　4　4＝6

4　4　4　4＝7

4　4　4　4＝8

4　4　4　4＝16

4　4　4　4＝20

"啊，这些算式好整齐啊！前面的数字都一模一样！"顺顺说，"真的能有这么多不同的答案吗？"我们刚刚学过四则混合运算，还学习了用括号改变运算顺序。第一题，我心里盘算起来：1－1＝0，那么4和4怎样才能算出1呢？那就是用除法，所以是要把两边的4都用÷连起来，那前后就都是1了，两个1相减就是0！得出的算式是：4÷4－4÷4＝0，验算一下，正好等于0！

接下来是顺顺了，她小声地嘀咕着："5－4＝1，如果要算出5，可以用4÷4＝1，1＋4就等于5了，再用5－4就等于1了。"她写出算式：4÷4＋4－4＝1。一算，哇，真的对啊！这样我们一起做了好几道题目，做到第七题了，飞飞说："我来！"

飞飞开始算起来了，设想下，有关联的数字中 8－1＝7，就是要通过计算得出 8 和 1。前面 4＋4 等于 8，后面 4÷4 等于 1，用前面的 8 减掉后面的 1 就等于 7 了。可是要加法和除法一起算，怎么办呢？“加括号，给前面的加法加个括号，让加法和除法先算。”我们异口同声地喊道！算式是：(4＋4)－4÷4＝7。验算一下，正好吻合！

我们就是用这样的方法完成了所有的算式。通过这个游戏，我们更加了解到运算符号的作用真大啊，可以改变两个数字之间的关系和运算顺序。牢牢把握这个道理，我们肯定能把数学学得更好。

数学中藏着这么多有趣的游戏，我们喜欢！

游老师的话

孩子在数学游戏的过程中理解了“运算符号的作用真大啊”，多么善于思考的孩子！面对同样的数字，运用不同的符号混合运算就能得出不一样的运算结果，多么神奇的数学研究呀！作为数学老师，我们要给予孩子们动手实践、自主探索、合作交流的时间和空间，让孩子获得有营养的数学。

巧求图形面积

苏州外国语学校四(3)班　杨佳宜

今天是我们家巧求图形面积的比赛，我们都做好了充分的准备迎接比赛。我和爸爸一组，甜甜姐姐和妈妈一组，我和甜甜姐姐石头剪刀布，结果我输了，只能让甜甜姐姐先出题。

甜甜姐姐和妈妈商量来商量去，最后出了这道题：右下图是 5 个相等的三角形拼成的图形，求这个图形的面积。

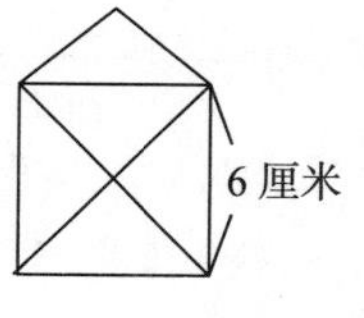

这下爸爸可呆若木鸡了，问我：“怎么办？”我可没回答他，而是

一直在用铅笔在草稿纸上写来写去。突然，我想出来了一个好办法。我看着姐姐，自信满满地说："图形的下面部分是一个边长6厘米的正方形，面积为6×6=36(平方厘米)，而正方形是由4个相同的三角形组成的，

每个三角形的面积就是36÷4=9(平方厘米)，整个图形又是由5个相等的三角形拼成的，面积就好求了，就是5×9=45(平方厘米)，所以这个图形的面积是45平方厘米！"这下甜甜姐姐、妈妈和爸爸都像傻子一样看着我，他们异口同声地对我说："你真厉害！"

其实数学，你只要掌握了技巧，就会把数学学得很好很好哦！我爱数学！

游老师的话

数学真的很神奇！都有家庭比赛啦，面对如此有吸引力的比赛，你想不想参加呢？我们的小朋友不仅享受了比赛，而且还在比赛中获得了深刻的感悟："你只要掌握了技巧，就会把数学学得很好很好哦！我爱数学！"换个角度看问题、换个角度思考问题、换个角度解决问题，让我们尽情享受数学的美妙。

带有人情味的零钱

苏州外国语学校四(5)班　袁　昊

星期天，我和妈妈去菜场买菜。妈妈选好了菜，摊主称好了菜的重量，说："共23元4角！4角不用了，就算整23元吧！"妈妈笑着说："谢谢你！"我们走了。

我问妈妈："妈妈，为什么阿姨不要0.4元？"妈妈说："免了零钱，顾客开心了，下次还会再来买！"我算了起来："1个人少赚0.4元，10个人就少赚4元，100个人就少赚40元，哇！可真不少呢！"妈妈问："你再算算，如果阿姨卖1千克菜，赚3元，那么她卖了10千克菜，共赚多少元？其中每千克菜少收0.4元，一共少收了多少元？刨去少收的，又赚了多少元？"我又算了起来："阿姨卖10千克菜，共

赚30元，一共少收4元，去掉少收的，最后赚了26元。"妈妈又笑了："不错，没有难住你，又对了。不过你发现了吗？阿姨虽然4元钱送了'人情'，可是还能赚26元呢，这就叫'薄利多销'呀！"

听了妈妈的话，我恍然大悟，原来这就是"带人情味的零钱"哦！我和妈妈都笑了。

游老师的话

生活中处处有数学！卖菜的阿姨也运用数学使自己"薄利多销"，这带有人情味的零钱让买方和卖方的关系变得更融洽，孩子细心的观察令我折服，用数学的眼光思考生活更让我折服！

变速问题的解法

苏州高新区苏州外国语学校六(5)班　马天翼

这周六，我在"学而思"的奥数课上学了变速问题。下课时，老师留下了6道家庭作业题。我看了一下，一、二、三、四、六题我都会，但第五题有点难。老师在课堂上讲过的，可我怎么记不起来了？没关系，我自己也可以做出来。

题目是这样的：一辆卡车从甲地开往乙地，如果把车速提高20%，那么可以比原定时间提前1小时到达；如果以原速度行驶100千米后再把车速提高30%，那么也比原定时间提前1小时到达，求甲乙两地的距离。

我先分析了一下题，思索一阵后，开始作答。先将提前的一小时看作一份，原定时间是$1\div20\%+1=6$份。然后，行100千米后提速30%，说明100千米后的路程以原速行要$1\div30\%+1=\frac{13}{3}$份的时间，这时间是总时间的$\frac{13}{3}\div6=\frac{13}{18}$。100千米占总路程的$1-\frac{13}{18}=\frac{5}{18}$，用$100\div\frac{5}{18}=360$(千米)。

得到答案后，再检验一下：通过前面简单得出的原速度为60千米。$360\div60=6$（小时）。$60\times(1+20\%)=72$（千米）。而$6-1=5$（小时），$72\times5=360$（千米）。然后呢，条件是这样的：$100\div60=\frac{5}{3}$（小时）。$360-100=260$（千米）。用$60\times(1+30\%)=78$（千米），$760\div78=\frac{10}{3}$。$\frac{10}{3}+\frac{5}{3}=5$（小时）。检验完毕，我终于做出这题了！

游老师的话

多么会学习的孩子！他通过分析题目中的已知条件和未知问题，找到了隐藏在数学知识背后更重要的数量关系，相信他已经掌握了学习的方法。在学习过程中，孩子用自己的方式理解数学，孩子收获的是学习能力，这也是我们作为教育工作者应该做到的“授人以鱼不如授人以渔”的道理。

巧解行程问题

苏州外国语学校五(1)班　陆铭茗

周末放假，叔叔来我们家做客了。他说：“我如果开车来木渎，走路回家至少需要1.5小时。如果来回都开车则需要45分钟。”说着，他话锋一转：“那么，如果我往返都步行，得要花多少时间呢？”

我略一思考，便不假思索地说：“这简单，先把一开一走的1.5小时换算成90分钟，接着用90减去两走45等于45分钟，这就是一次步行时间，再用45乘2，就可以得出结果90分钟。”

话一说完，叔叔便哈哈大笑起来，我感到了蹊跷，假如我说的答案是对的，他肯定会表扬我，而不是笑话我。

我仔细地分析了一遍题目，并且理清了思路。发现我第一步算的竟然是步行与开车的时间差，而不是一次步行。

那到底该怎么做呢？

经过一番“苦思冥想”，我想出了一种方法。如果我们先用两次开车除以2等于一次开车，再用上一种思路，问题就迎刃而解啦！

可是，45除以2的得数肯定是小数，这样计算不是太麻烦了吗？有了，我们可以用1.5乘2，求出两次开车、两次步行，最后直接减掉两次开车，不就可以了吗？

当我信心满满地把答案告诉叔叔后，叔叔对我竖起了大拇指，我心里比吃了蜜还甜！

生活中处处有数学！只要我们拿到题目认真审题，理清思路，不盲目下结论，那些所谓的“难题”还能成为拦路虎吗？

游老师的话

真没有想到孩子的数学思维这么灵活！在孩子的眼里，数学太神奇了，如果我们没有学过小数除法，能不能转化成我们以前学过的数学知识呢？“生活中处处有数学！只要我们拿到题目认真审题，理清思路，不盲目下结论，那些所谓的难题还能成为拦路虎吗？”数学给了孩子无限成长的空间，教师的任务就是让孩子感受到数学的美丽，助推孩子思维上的成长。

飞飞数鸡蛋

苏州外国语学校淑女(二)班　赵希夷

每天，飞飞和他的爸爸都要去他们的养鸡场。飞飞要找鸡蛋，爸爸要卖鸡蛋。这天，飞飞照常和爸爸去养鸡场找鸡蛋。等飞飞找完鸡蛋后，爸爸对飞飞说：“我们这个星期已经收集了两箩筐鸡蛋了，每天收集的鸡蛋数量记录如下：周一找到13个鸡蛋，周二找到11个鸡蛋，周三找到10个鸡蛋，周四找到14个鸡蛋,周五找到12个鸡蛋,周六找到9个鸡蛋,周日找到12个鸡蛋。你能算算这两箩筐里一共有多少个鸡蛋吗?"

飞飞想了一会儿说:"这还不简单吗?把这些都加起来不就行了吗?"

爸爸又问:"那你有更简便的计算方法吗?"

飞飞想了想说:"有了,我们可以把每天找到的鸡蛋数量都看做10个。这样一个星期有7天,就是70个。然后把每天超过10个后的数量再相加,把不满10个的个数减去。比如周一比10个多3个,周二比10个多1个,周三正好10个,周四比10个多4个,周五比10个多2个,周六比10个少1个,周日比10个多2个。所以算式可以写成:3+1+0+4+2−1+2=11。再与前面的70个合起来就是81个。"

爸爸直夸飞飞是个爱动脑筋的好孩子。

游老师的话

你会数数吗?通常我们是一个一个地数,或者是两个两个地数,或者是五个五个地数,但是我们的孩子已经在尝试十个十个地进行计数了,这不正是"十进制计数法"吗?在未来的数学学习中,书会越读越薄,能力会越来越强,只要我们爱动脑筋,就能找出许多学习的方法。

巧用单位"1"

苏州外国语学校六(1)班　唐沁怡

今天,我和妈妈去买水果,正好听到老板在讨论店里的营业情况:

原来香蕉和苹果共320千克,香蕉卖出$\frac{2}{5}$,苹果卖出3/4,两种水果共卖出198千克。商店里原来香蕉和苹果各多少千克?

我先找单位“1”，它们的单位“1”不统一，都是香蕉和苹果的原来的千克数，而不是320千克，所以不能用$320\times\frac{2}{5}=128$（千克），$320\times\frac{3}{4}=240$（千克）来计算。我不停地想，搜肠刮肚地想，突然想到老师曾说过：当单位“1”不同的时候，可以先把单位“1”转化成相同的单位“1”，就能解题了。

可以假设苹果也卖出$\frac{2}{5}$，这样两种水果一共卖出$320\times\frac{2}{5}=128$（千克），但实际卖出了198千克，那就说明苹果多卖出了70千克，它相当于原来苹果的$\left(\frac{3}{4}-\frac{2}{5}=\frac{7}{20}\right)$，所以只要用$70\div\frac{7}{20}=200$（千克）算出原来苹果的重量，那香蕉的重量就是：$320-200=120$（千克）。

这样做到底对不对呢？

我是这样检验的：

香蕉卖出的重量：$120\times\frac{2}{5}=48$（千克）

苹果卖出的重量：$200\times\frac{3}{4}=150$（千克）

一共卖出的重量：$48+150=198$（千克）

香蕉和苹果一共的重量：$120+200=320$（千克）

啊……我长长地舒了一口气，又一只“拦路虎”被我打败了。

游老师的话

学习过程中我们会遇到很多“拦路虎”，在遇到困难的时候我们该怎么办？这不光是孩子们的问题，也是我们老师值得思考的问题。这就是新课程倡导的“四基”和“四能”。我们的孩子在收获知识的同时，也收获着看待事物和思考问题的能力、方式。

学会合理安排时间

苏州外国语学校四(3)班　何科润

今天是星期天，我早起后发现家里一个人都没有。我觉得有点渴，便去冰箱拿牛奶，忽然发现冰箱上贴着一张纸条，上面写着："宝贝，今天我和你爸爸去上海一趟，你要帮妈妈做家务哦，要洗衣服、晒衣服、拖地、扫地、擦窗户。中午你吃方便面吧！下午你去超市买点吃的哦！记得写作业和练字！妈妈。"

惨了！我心想：这么多活要干到猴年马月啊！中午还要吃方便面，为什么不去外面吃？没办法，吃完早饭我要干活了！但是我大脑里一闪而过的想法让我受到了启发，洗衣服要30分钟，晒衣服要10分钟，扫地、拖地、擦窗户各要10分钟。洗衣服的同时可以扫地、拖地、擦窗户。所以只要了30＋10＝40(分钟)就行了，嘿，这么快就能做完家务了，剩下的时间可以看会儿电视了。

不知不觉到了中午，我要烧午饭了，这时我又发现一个"偷懒"的方法：烧水5分钟，拿方便面2分钟，准备调料3分钟，装面2分钟，烧水的时候可以拿方便面、准备调料，所以只要5＋2＝7(分钟)就可以，我按着此方法，很快吃上了美味的方便面。妈妈交代的任务都做完了，作业也完成了，我美滋滋地想：今天晚上会不会去吃比萨呢？

游老师的话

在孩子的眼里，运用数学的思维去思考问题，这样的数学是有趣而生动的、充满挑战的！孩子在运用数学的过程中是快乐的，在孩子的内心深处种下了一粒数学的种子，比在他们长大后我们成人告诉他们"统筹方法"是不是更有意义？

巧用梯形公式

苏州外国语学校五(2)班 游 安

小明参观钢铁厂时看到许多钢管堆成如右图的形状。最上层有9根，最下层有16根，有8层。

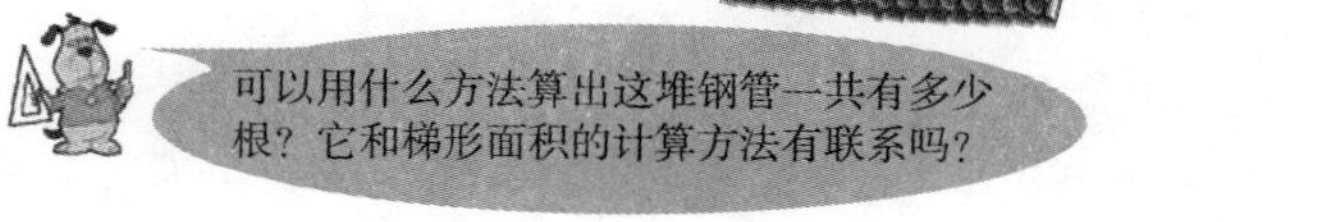

这是课本中的思考题，我与我的小伙伴们在解答这道题时进行了探索。最上层是 9 根，下面几层依次是 10、11、12……16 根，所以钢管一共有 9＋10＋11＋12＋…＋16＝100(根)。

可不可以用我们刚学的多边形的面积公式来计算呢？最后发现钢管顶层的根数相当于梯形的上底长，底层的根数相当于梯形的下底长，钢管的层数相当于梯形的高，用梯形的面积公式来计算，即(9＋16)×8÷2＝100(根)。

这两种计算方法的答案是一样的，这是一种偶然的情况吗？

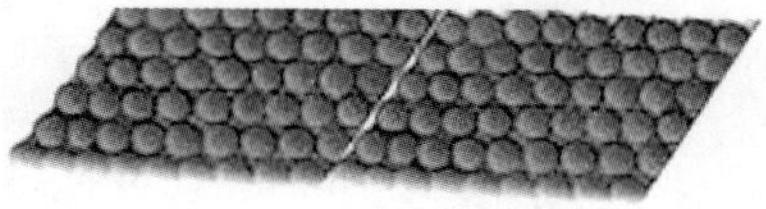

我们带着这样的疑问又进行了探索：因为梯形的面积计算公式来源于平行四边形，所以我们试着把它拼成一个平行四边形，如右图，发现底就是 16＋9＝25(根)，高就是 8 层，也可以这样理解每层有 25 根，有 8 层，即 25×8＝200(根)，一半呢？再用 200÷2＝100(根)。所以这类求一堆钢管(依次相差 1)数量的题用梯形的面积公式算是有道理的。

我不满足于得到这个结论，自己静静地思考着。通过观察 9＋10＋11＋12＋…＋16＝100 和(9＋16)×8÷2＝100 这两个算式，我发现：求一列有规律的数(每相邻的两个加数，后一个比前一个多 1)之和，都可以利用梯形的面积公式来计算。如 2＋3＋4＋5＋6＋7，第一个数 2 相当于梯形的上底，最后一个数 7 相当于梯形的下底，加数的个数 6 就相当于梯形的高。所以 2＋3＋4＋5＋6＋7＝

(2＋7)×6÷2＝27。

我把我的发现告诉了同学们，有一位同学提出一个问题：2＋4＋6＋8＋10＋12这组数据中，每相邻的两个加数相差2，可以用梯形的面积公式来计算吗？我们又一次进行了探索，最后得出结论：只要一组数据的每两个相邻加数的后一个数与前一个数的差都相同，就能用梯形面积公式来计算这组数据的和。2＋4＋6＋8＋10＋12＝(2＋12)×6÷2＝42。

大家非常高兴，沉浸在成功的喜悦中。

游老师的话

佩服，佩服！英雄出少年，我们的孩子小小年纪就已经开始进行数学研究了！我相信，这种看待事物和思考问题的方式、方法将会给学生深远的影响。在我们教学中，有一项活动叫"师生共研"，就是师生之间、同桌之间、小组之间为了解决同一个数学问题时像数学家那样思考问题、共同研究。学生越早自主学习，我们教育者就越成功。

巧求钟声数

苏州外国语学校四(5)班　刘　斌

清明节假日期间，我去了外公家玩。中午11点钟时，外公家的"老古董"——老吊钟又开始"咚咚"地报时了。

突然，外公向我提出了一个问题："我家的吊钟一昼夜都在不停地走着。每个整点敲整点数，比如5点敲5下，每个半点数敲一下。你知道这只钟一昼夜会敲多少下吗？"

"什么叫一昼夜啊？"我傻乎乎地问外公。

"傻孩子，一昼夜就是一个白天和一个黑夜啊！"外公笑着说。

“哦，那我来算算。”我说完便低头沉思起来。

“哦，我知道了。”我缓缓地说道，“可以先算半天敲多少下：12＋11＋10＋…＋2＋1＝13×6＝78(下)，然后再用78×2＝156(下)，接着156＋24＝180(下)。

“那还有办法吗？”外公笑着问我。

“那是当然！”我自信满满地答道，“12×2＋11×2＋…＋1×2＋24＝24×2＋…＋2＝180(下)。”

“嗯，真棒！”外公表扬我。我看着外公，甜甜地笑了。

游老师的话

真是不能小看我们的孩子，不简单！解决生活中的实际问题能够从不同的角度思考，对数学的理解非常深刻，条理清楚、思维缜密。作为他的老师，我最大的快乐是看到他的进步。正如孟子所说的君子第三乐：“得天下英才而教育之。”

有趣的时钟问题

苏州外国语学校四(5)班　苏　文

“滴答，滴答……”我抬头望了一眼钟，下午五点了。我放下手中的书，跑去问妈妈：“妈妈，我们什么时候去吃晚饭？”妈妈说：“大约在五点到六点之间时针和分针第一次重合的时候。”

这个问题似乎把我难住了。突然，我一拍脑袋，大叫：“有了！”然后奔回我的房间，拿出手表，调啊调，调啊调，终于我发现，大约在5:27时，时针和分针是重合的。

我兴奋地跑去告诉妈妈我的发现。当妈妈问我是怎么知道的时候，我得意地把我的“秘密武器”展示给她看。可妈妈却说，这种方法只能大约得出结果，并不是精确结果。

“那怎么计算才能得出精确结果呢?”我问。

“我们知道,时针和分针是一起运动的,当在下午5:00时,分针指在12上,时针指在5上,要使分针和时针重合,分针就必须追上时针,那么这个问题就类似于环形跑道中的追及问题了。但是要解决这个问题,我们还得知道两针的速度。”妈妈说。

妈妈继续说:“我们先求分针的速度。因为分针走一大格要5分钟,而一大格是30度,所以分针的速度是30÷5=6(度/分钟)。”“噢,那时针要60分钟才能走一大格,所以时针的速度就是30÷60=0.5(度/分钟)了。”我很快说出来。

“对!”妈妈赞许地点点头,“接下来我们就要进行追及问题了。追及问题的公式是什么?”妈妈问我。我马上说:“路程差÷速度差=时间。”

“嗯。五点时,时针领先分针30×5=150(度)。这就是路程差。”

“时针和分针的速度差就是6-0.5=5.5(度)。”

“好,现在我们可以求出:150÷5.5=27.2727……(分钟)。这就是时间了。”

“所以,在5:27左右的时候,时针和分针就会重合了。”我抢答说。

妈妈讲完了她的方法,我也对她佩服得五体投地。一抬头,5:27了,我和妈妈一起去吃晚饭了。

游老师的话

妈妈是一位可爱的妈妈,孩子是一位可爱的孩子;妈妈是一位思路清晰的妈妈,孩子是一位善于思考的孩子;妈妈是一位善于启发的妈妈,孩子是一位聪明伶俐的孩子。根据孩子动手操作的方法,凡事可以去试一试,用一种理性的眼光去追寻数学的本质和真谛。在孩子学习数学的过程中,我们要给予孩子什么?是知识?能力?思想还是方法?

煎鸡蛋

苏州外国语学校淑女(二)班　金子淇

周末的早晨，爸爸在家用平底锅煎鸡蛋做早饭，家里有3个人，需要煎3个鸡蛋，由于锅很小，每次最多放2个鸡蛋，正反面都要煎，我看到了，过去帮忙，爸爸说："我考考你吧，咱们最少煎几锅可以煎完？"我想了想：第一锅煎第一个和第二个鸡蛋的正面，第二锅煎第一个和第二个鸡蛋的反面，第三锅煎第三个鸡蛋的正面，第四锅煎第三个鸡蛋的反面，于是我告诉爸爸4锅可以煎完。爸爸说："大家都饿了，等着吃早饭呢，有没有好办法能让大家更快吃上早饭呢？"我认真想了想：如果我第一锅煎第一个和第二个鸡蛋的正面，第二锅煎第一个鸡蛋的反面，和第三个鸡蛋的正面，第三锅煎第二个和第三个鸡蛋的反面，这样3锅就可以煎完了。于是我告诉爸爸："最快3锅可以煎完。"爸爸说："那你试试吧！"经过试验，果然3锅可以煎完鸡蛋，爸爸夸我是个爱动脑的小朋友。我好开心，通过思考可以解决生活中遇到的问题。

图解如下：

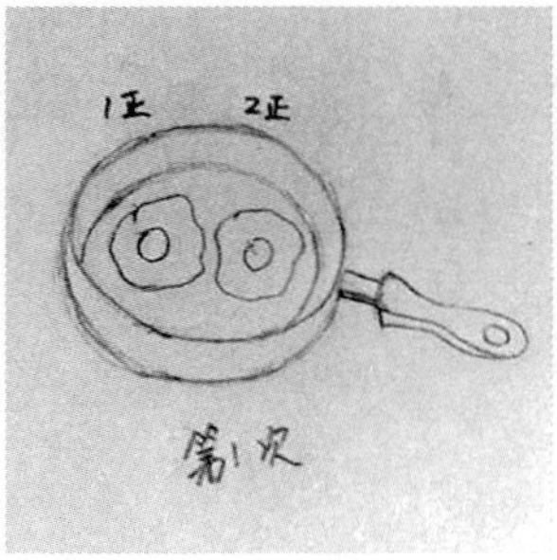

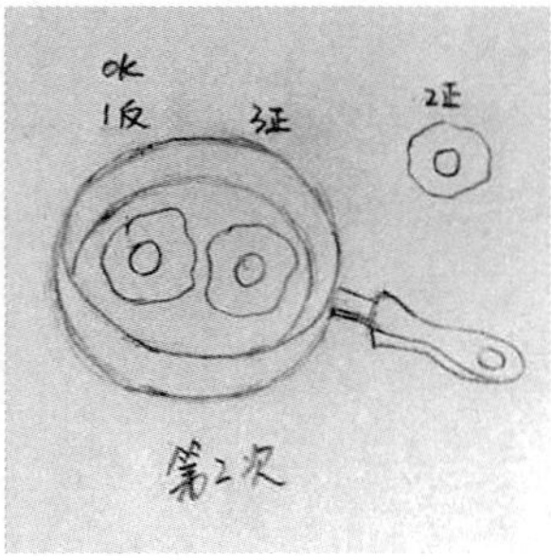

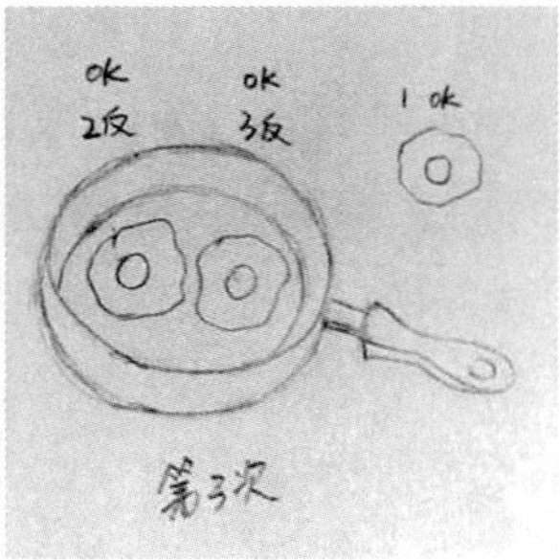

游老师的话

数学就像绘画。数学的视角、数学的思维、数学的眼光、数学的方式这些数学独有的元素装点数学梦幻之城。孩子用自己的图来说明自己的思路，孩子，你真棒！

抢报数字

苏州外国语学校四(3)班　李弋一

今天,我和爸爸玩了一个游戏,叫“抢报数字”,规则是一个人可以报一或二个数字,从1开始,按顺序往下报,谁先报到30谁就赢了。

开始,不管我先报还是爸爸先报,我次次都失败,爸爸得意极了。正当我心灰意冷时,爸爸鼓励我:“你再想想,1到30有什么样的规律呢?到底是先报还是后报会赢呢?”我想了想,灵机一动:要想报到30,就一定得报到27,以此类推,先要把3报到手,接下来,就应该把3的倍数6、9、12、15、18、21、24、27都报到,要想报到3,就要后报,这样就一定能获胜了。于是,我按照这样的思路又和爸爸玩了一次,果然我赢了,爸爸直夸我是个聪明的孩子。

通过这件事,我知道了无论是做事还是玩游戏,都要善于观察,勤于思考,勇于实践,只有这样才能将事情做好。

游老师的话

孩子对数学理性的认识令我惊叹:“通过这件事,我知道了无论是做事还是玩游戏,都要善于观察,勤于思考,勇于实践,只有这样才能将事情做好。”在我们的教学中,孩子有这样深刻的认识比我们教孩子做多少题、写多少字要有意义得多!在孩子的眼中,数学不枯燥、不繁冗,可以在数学城堡中自由地学习、玩耍,真是不亦乐乎呀!

我给舅舅打酒

苏州外国语学校六(3)班　李姝玥

“十一”国庆节，我到乡下舅舅家去玩。中午，舅舅正好想喝酒，于是，他让奇奇哥哥和我去小店打三两散酒。

到了小店里，我觉得很奇怪，在城市里，酒都是瓶装卖的，可乡下却是一缸子酒，营业员用竹子做的酒舀子打酒。我告诉营业员要打三两酒。小店的叔叔说：我们这只有5两的舀子和6两的舀子，没有三两的舀子。怎么办呢？舅舅只要三两的酒啊！我来到酒缸旁，苦思冥想：这怎么倒呢？我一边想，一边用两个舀子摆弄着缸子里的酒，想着想着，突然想到了一个好方法。于是，我先把六两的舀子灌满酒，接着往五两的那个舀子里面倒，六两的舀子里还剩下一两，然后，我又将五两的那个舀子里面的酒倒掉，把一两酒倒进去。紧接着，我又把六两的舀子里倒满酒，再倒进五两的舀子里，六两的舀子里还剩下二两。我又将五两的那个舀子里面的酒倒掉，把六两的舀子里剩下的二两酒倒进去。最后，又把六两的舀子里打满酒，再将它倒入五两的舀子里面。这样，六两舀子里不就是三两酒了吗？

打完酒，叔叔直夸我会动脑筋。我付完钱，乐滋滋地回去了。回到家，舅舅连忙夸我真聪明。原来，舅舅知道小店只能装五两和六两，他是在考我啊！我假装生气，舅舅看出了我的心思，大笑起来。

游老师的话

数学总是给孩子带来无限的学习时间和空间，指引他们去探索无穷的数学奥秘！孩子用数学的眼光思考问题令我折服，让一切事物变得皆有可能。孩子，你用数学的眼光看问题证明你是优秀的！

有趣的磁力珠

苏州外国语学校三(1)班　周子谦

今天,妈妈给了我一个惊喜:给我买了梦寐以求的磁力珠。但是在给我之前,妈妈问我:“下面我问你一道题,答对了才能给你磁力珠哟!听好了:我给你买了两盒,每盒送6颗,现在一共有444颗,那一盒有多少呢?”

“因为每盒送6颗,两盒就是送了2×6=12(颗),再拿444−12=432(颗),最后用432÷2=216(颗),答案就是216颗!”我说。

“很好,那么磁力珠就是你的了!”

我玩了一会儿,爸爸走了过来。“周子谦,我也来出道题考考你。”

“什么题呀?”

“用磁力珠摆出一个正方形,一排5颗,一共5排,需要多少磁力珠呀?”

“25颗!”我脱口而出。

“好,那放一个长方形,长6颗,宽4颗,需要多少颗呀?”

“24颗!”我又脱口而出。

“很好,其实这就是正方形和长方形的面积计算公式。我要出绝招啦!刚刚的正方形和长方形最外面一圈各有多少磁力珠呢?”

“嗯,正方形和长方形都是20颗。”我想了想后回答道。

“错啦,你再用珠子放一放,数一数。”

我用磁力珠放出了一个每边5颗的正方形和一个长6颗、宽4颗的长方形,然后数了一下最外面的一圈珠子,发现都是16颗。我问爸爸:“为什么这样呀?”

“我下次再告诉你,你先自己琢磨吧!”

小朋友们,你们知道为什么吗?

游老师的话

我也送给过我们家小孩磁力珠,我只知道磁力球可以拼成一个棱长为6的正方体,另外每盒再赠送6颗磁力珠给我们。为什么我就没有像这位妈妈那样去拼正方形或长方形呢？这可能就是好妈妈胜过好老师吧！在拼的过程中，不变中又包含了变化，变化中也包含了不变，我想，这就是数学的魔力所在吧！

围棋中的数学

苏州外国语学校英特三(2)班　杜锦添

围棋中也有数学，在围空的时候到底围了几目，或者你占有几目的优势，都会用到数学的知识。棋盘一共有360目，白棋要177目才能胜，黑棋要185目方可取胜。

今天围棋课上，我遇上了一个很强劲的对手，他是一级，我也是一级。首先我们进行猜子，我抓了一把子，他猜对了，所以他用黑子。现在我们开始对局，他先下，占了一个星位，我白后，占了对面一个星位，之后我们又各占了一个星位。一个星位就有20目，也就是说我们一共占了棋盘的4个20目，也就是20乘4等于80目，即$\frac{80}{360}$，我们俩暂时占据了360目里面的80目。

下到中盘时，我们不相上下，势均力敌，我估算了一下，他大约占了盘面的$\frac{4}{7}$，我占了$\frac{3}{7}$，形势非常紧张，因为我是小负的现状。但是，我沉着冷静，在他的边围一块巧妙地使用了两个策略："赶鸭子下架"和"滚打包收"，结果我吃掉了他边围的一半，至少又将十几目收入囊中。

之后，我看到他边角有一个弱点，我就使用了"老鼠偷油"的策略，使他两边不入气，结果占领了他那个小角，大约有10目。最后，我用了"倒脱靴"的策略复活了我边上的那一块空，这样我们双方认可本局结束。老师来给我们数子判分，我围了两个50目，两个10目，也就是$50\times2+10\times2=120$(目)，外加上我剩下的60个棋子，$120+60=180$(目)，我的白子一共有180目，他的黑子才175目，按照规则，我小胜于他。

看，围棋中的数学也很有意思吧！

游老师的话

生活中处处皆数学呀！正如华罗庚所说："宇宙之大，粒子之微，火箭之速，化工之巧，地球之变，生物之谜，日用之繁，无处不用数学。"从日记中可以看出，他很喜欢下围棋，也非常喜欢数学。围棋下得好必须要有好的数学基础：要算。算目、算气等都要用到数学。让我们用数学的眼光观察生活，我们会有更多的发现。

第二章　生活的应用

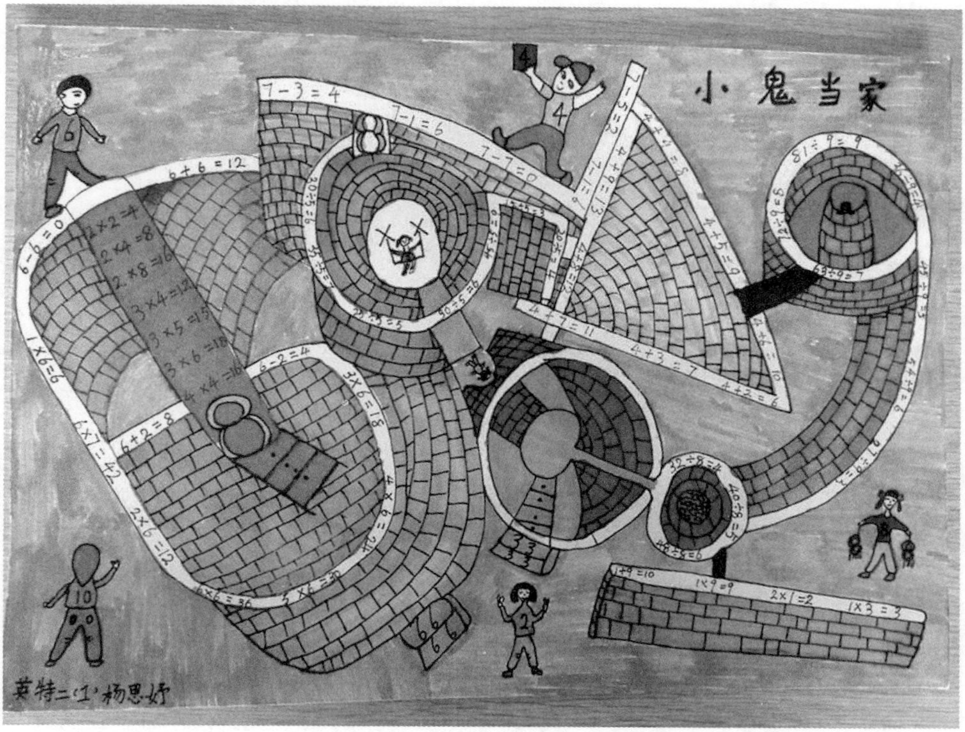

数学是有用的！正如著名数学家华罗庚所说："宇宙之大，粒子之微，火箭之速，化工之巧，地球之变，生物之谜，日用之繁，无处不用数学。"当我们用心地感受生活、思考生活、体味生活时，我们就会发现生活中到处都是数学的身影，我们生活的事事、时时、处处都离不开数学：兑换外币、商品标签、乘坐地铁、商城购物等，都需要运用数学知识来解决生活中的实际问题。

汇率中的数学

苏州外国语学校六(3)班　周天怡

经过层层选拔，我终于考上“赴英修学班”了。刚出消息的那个晚上，我便打电话给了爸爸妈妈，他们一听到这消息，心里乐开了花。

那个周末，我和父母讨论了出国的事情。我迫不及待地换了个出国的话题：“爸，那出国是不是要用很多零花钱呢?”“那当然了!”爸爸停顿了一会儿，问我：“那你知道一英镑等于多少人民币吗?”“大概六块多吧。”我有点不确定。爸爸又笑着说：“傻瓜，那是美元!”就在这时，妈妈提出了个点子：“那在手机上查一下吧?”说完，她便从口袋里掏出了随身携带的三星手机，精通手机的她一下就查到了。可不幸的是，“一英镑等于多少人民币”的说法有很多，有九块多的，有十一块多的，还有十三块多的，反正什么价钱都有。

我很疑惑地问：“为什么网上有这么多不同的价钱?”爸爸装出一副很有学问的样子说：“这叫‘汇率’。它是一国货币兑换另一国货币的比率，是以一种货币表示另一种货币的价格。每时每刻，货币都会因国家的国势而产生波动，从而上升或者下跌。”我佩服地点了点头。爸爸继续告诉我：“英镑也是这样，虽然会发生变化，但一般变化都不会太大，大概都是一英镑等于九元，所以，如果要计算的话，就以‘一英镑等于九元人民币’来计算好了。”唉，既然汇率的波动一般都不会太大，那我就可以放心计算了，我心里这么想着。

在爸爸和妈妈的帮助下，我领略到了数学的奥妙。平时，我也应该自己查资料，自己学会动脑筋，这样才会有不一样的收获。

游老师的话

数学是有奥妙的。这正如孩子的感悟：平时，我也应该自己查资料，自己学会动脑筋，这样才会有不一样的收获。教师要引导孩子善于思考生活中的数学，加强数学与生活的联系。数学来源于生活，生活中使用数学。我们要与数学做朋友，在生活中使用它，重视它。

兑换的学问

苏州外国语学校淑女（五）班　王曼如

暑假里，我和爸爸去了香港。第二天，爸爸带我去了书店。书店里的书应有尽有，有漫画、科学书、历史书……我去找小说书，而爸爸则去找关于古董的书。

这儿的小说书可真多呀！我急忙开始翻起来。最后，我挑中了一本叫《时代小说》的书。这本书要 9 港币。这时，爸爸走过来告诉我，他挑中了一本叫《文化与玉器》的书，这本书要 12.5 港币。我们俩决定今天就买这两本书。

到了收银台，爸爸开始掏钱包，可是找不到了，好像是落在宾馆了。爸爸说："好吧，我把钱包落在宾馆了，不买了。"他正要走，我说："等等！我记得你好像有一些人民币零头。"爸爸说："这里是香港，不能用人民币！"我指着一块牌子说："你看，是可以用人民币换的，今天兑换信息是 1 元港币＝人民币 0.81 元。"爸爸开始拿人民币。一大堆零头加起来是 25 元。

爸爸问我："这些人民币够买书吗？"

我想了一会儿，说："12.5＋9＝21.5（元），

21.5×0.81≈17.42 元，

17.42 元＜25 元，是够的。"

我们用人民币换成港币买了书，接着开心地回宾馆了。

游老师的话

数学来源于生活，数学根植于生活。数学之美，无处不在。教育是多彩的，它的多彩在于提供孩子展示个性、发展能力的舞台；世界是多元的，它的多元在于大家可以运用数学语言进行交流、表达思想；孩子是多能的，她（他）的多能在于能够学以致用，学好数学、用好数学、发展数学。孩子深刻地体会到生活离不开数学，数学是解决生活问题的钥匙。

地铁里的数学

苏州外国语学校五(2)班　黄一宁

同学们,你们在学习数学的过程中一定发现过许多数学的秘密,下面我来跟你们分享一下我发现的秘密。

大家一定都坐过地铁吧,大家最喜欢待在哪个地方?坐着,站着,还是靠在车门旁?我最喜欢靠在离门最近的那两个把手之间,总感觉很舒服,很有“安全感”,站久了也不累,而且下车也很方便,转一个身就能下车了,人再挤也不怕。可是为什么这个角落总是让我感觉如此“安全”呢?仅仅是因为它在一个角落里,还是因为它有两个把手?我问了一下爸爸,爸爸说:“你再想想看?”我想了很久才想起来,老师不是讲过三角形的稳定性么。两个把手之间正好形成一个夹角,人靠在上面就形成了一个三角形,所以十分稳定。

其实,不只在地铁里,大家听说过救命三角区吗?所谓的三角区指的是楼与楼之间形成的一个三角形的角落。因为,三角形的稳定性能使楼不变形,在地震时人们在此避难存活几率较高,所以称为“救命三角区”。

看,三角形的稳定性还可以用在建筑上,对我们的安全还有一定的帮助呢!

同学们,数学王国中还有很多奥秘等着我们去发现,我发现了这个奥秘,你也把你发现的秘密告诉我们吧!

游老师的话

孩子从数学课堂中学习到的有关“三角形的稳定性”再到地铁中的“黄金三角区”最后到建筑物的“救命三角区”。在这个过程中,学生从自己的认识和理解出发,把现实生活中的数学元素提取出来,孩子的创新意识和应用意识得到进一步发展。“数学王国中还有很多奥秘等着我们去发现,我发现了这个奥秘,你也把你发现的秘密告诉我们吧!”

标签中的学问

苏州外国语学校五(2)班　黄　超

星期天，我陪妈妈去超市购物。看到我最爱吃的煎饼，妈妈就拿起一包，说："平时我们购买食品时，要注意观察商品包装标签，你看上面有：配料表、生产许可证号、保质日期，还标明单价是每千克 12 元，重量是 0.336 千克，总价是 4.03 元……"

"不对，这个标签有问题。"没等妈妈说完，我说："您看，单价是每千克 12 元，重量是 0.336 千克，要求总价是多少，应该用 12×0.336。根据我刚学的小数乘法知识，两个因数中一共是三位小数，那积一定是三位小数，而标签上总价是4.03 元。"

"呵呵，没想到我们买煎饼还买出问题来了！"妈妈说道。

"让我来算一算。"我说，"12×0.336＝4.032(元)，4.032 元表示 4 元零 3 分 2……2 什么呢？妈妈，借您的手机用用，我上网查一查。"

以元为单位的小数点后面第三位是厘，虽然没有面值多少厘的人民币，但在计算存贷款利息、外汇兑换时，虽然看上去一厘钱很小，但要和几万、几亿人民币这些很大的数字相乘，也是一笔很大的数目。

"我知道了，因为没有面值多少厘的人民币，我们实际付款时，只能付 4 元零 3 分，所以要用四舍五入法取近似值。

4.032≈4.03 元

求近似数时，要看需要观察保留位数的后一位。若保留两位小数，就要看小数点后面第三位，如果第三位上的数字小于 5，那么要直接舍去；如果第三位上的数字大于等于 5，就要向前一位进 1，然后把后面的数舍去。2＜5，所以直接舍去，结果是 4.03。"我分析道。

"嗯，你真是个爱动脑筋的好孩子！为了表示奖励，多买几包你最爱吃的煎饼!”妈妈笑着说。

游老师的话

真是一位爱思考的孩子！孩子都有一双慧眼，能寻找到生活中的数学，捕捉到生活中的数学现象。从标签之中提取出数学信息，进而构建数学问题，我佩服孩子有如此强的数学意识。孩子从“这个标签有问题”开始思考，从而感受到数学中的知识是孩子自己感悟出来的。爱思考的孩子真牛！

打折的学问

苏州外国语学校英特四(1)班　顾晨曦

今天，我和妈妈一起去逛商场，妈妈东找找，西看看还是没有找到又好看、又实惠的衣服。

终于，我们来到了一家裙子店门口，上面写着：全场大促销！妈妈动心了，近前一看，东挑挑、西看看，选中了五六条裙子。可是有些上面挂着5折，有些上面挂着7折，有些上面挂着9折，还有些上面挂着3折。我十分好奇这些所谓的“折”到底是怎么回事。妈妈忙着挑选衣服付钱，没有解释给我听。

我和妈妈拎着大包小包的东西回家了。一回到家我就问爸爸：“爸爸，这些9折、7折、5折和3折都是什么意思呀？都是怎么算的呢？”爸爸听了说：“好吧，我们就从最简单的5折下手。你看，假如你要买的东西是30元，那么打5折就是$30\times0.5=15$(元)，也就是价格的一半，而3折就是$30\times0.3=9$(元)。那另外两个折扣你会算了吗？”“会了会了，如果7折就是$30\times0.7=21$(元)，9折就是$30\times0.9=27$(元)。”原来打折这么好计算呀。真奇妙！

看来数学在生活中无处不在啊！一定要善于发现，仔细观察才能发现其中的妙处哦！

游老师的话

用孩子的话说："看来数学在生活中无处不在啊！一定要善于发现，仔细观察才能发现其中的妙处哦！"孩子的心田是一块神奇的土地，你播下思想的种子，就会获得行为的收获。可爱的爸爸善于启发孩子的数学思维，利用知识的迁移能力，发展了孩子的思维，提高了孩子解决问题的能力。

巧用团购

苏州外国语学校六(1)班　任子骅

周六上午，我们全家去园区的金海华吃早茶，这次是我妈妈请客，精打细算的妈妈看到网上有优惠打折券，每购买50元面值的优惠券只需要支付39元。

吃完饭要结账了，账单上显示妈妈需要支付465元，妈妈考我，问我今天她在买足优惠券的基础上实际需要花费多少人民币？

我想465元里有9个50元，我用465元除以50元，结果是9余15元，再用9乘以39再加上15元就能算出实际需要花费366元，节省了99元呢。

不算不知道，一算吓一跳，我们居然可以节省这么多钱呀！

我得意地把这个答案告诉了妈妈，妈妈夸我是个聪明的孩子。

通过这件事情我知道：如果在消费的时候，合理使用团购券可以省很多的钱！我还高兴地和妈妈说："以后我们每花一次钱，都可以用团购券，那就更省钱啦！"说完，全家都哈哈大笑了，说我钻到钱眼里去了。

游老师的话

孩子运用数学知识解决生活实际问题的策略是多么灵活，我们要鼓励这种思维的灵活性和创造性，我们要细心观察，把数学还原到生活中去，让数学变得看得见、摸得着，变得更“接地气”！在这一过程中也是培养我们孩子的创新意识和应用意识的途径，正如孩子所说：“如果在消费的时候，合理使用团购券可以省很多的钱！”省钱即赚钱！

巧算菜价

苏州外国语学校英特五(1)班　文　雷

星期六，妈妈带我去菜场买西红柿。俗话说“货比三家不吃亏”。我们看了三家店，第一家“买满 2 斤送一斤”；第二家“打 5 折”；第三家“每买 2 斤返还 5 元”。西红柿现价是 4 元/斤。妈妈要买 4 斤西红柿，她对我说：“你数学学得不错，今天就来考考你。你能帮我算出哪家店的菜最便宜吗？”

我先算第一家的：买 2 送 1，因此买 2 斤就能得到 1 斤，接着再买 1 斤就是 4 斤了。只要用 $3\times4=12$(元)。第二家：打 5 折，买 4 斤就相当于只需要买 2 斤，$4\div2\times4=8$(元)。第三家呢？买 2 斤返还 5 元，买 4 斤，就能返还 2 个 5 元，$4\times4-5\times2=6$(元)。哇！第三家这么便宜，就买第三家的吧！

妈妈又问：“那如果我买 2 斤呢？”我说：“那当然也是买第三家啦。”“是吗？你再算算！”第一家：$2\times4=8$(元)；第二家：$2\times4\div2=4$(元)；第三家：$2\times4-5=3$(元)。我验证了自己的猜测，但是我又有一个疑惑：是不是每次都是这样呢？

妈妈笑着说：“你算算，如果买一斤哪家便宜？”咦，好奇怪。第一家要 4 元，第二家要 2 元，第三家要 4 元。怎么变成第二家了？妈妈笑了笑说：“因为第一家和第三家是要在买满 2 斤的基础上才有这样的优惠，所以买 1 斤时不如第二家便宜。”

原来，我们身边一些不经意的小事，却包含了数学的智慧。如果我们不仔细思考，就会造成经济损失，看来，学好数学还是挺重要的！

游老师的话

“原来，我们身边一些不经意的小事，却包含了数学的智慧。”多么深刻的体会和感悟，所以小作者得出“看来，学好数学还挺重要的”的认识。妈妈借助决策最佳方案这样好的时机和孩子一起交流数学，孩子在生活中运用数学，这样的学习是积极有效、高效、长效的！

怎样更划算

苏州外国语学校淑女(五)班　郭睿曦

昨天早上，我们一家人到老东吴食府吃早茶，妈妈为了省钱从美团网上购买了三张抵用券。我们大吃一顿后，服务员报出价钱257元。妈妈便问我：“我的团购券80元一张，抵用价格为100元/张，你说我是用三张抵用券好，还是用两张再付现金好呢？”

我想：“使用三张抵用券要消费三百元，而我们只消费了257元。”于是我毫不犹豫地说：“三张！”

妈妈笑了笑说：“不对！你再想想看，把两种方法都算一下。”我向服务员借了一张纸，就迅速计算了起来。

首先，计算使用三张券：$3\times80=240$(元)，实际可消费三百元。但是妈妈只需要支付240元。

然后，计算使用两张券：$2\times80=160$(元)，实际可消费两百元。$257-200=57$(元)，还需支付57元现金。$160+57=217$(元)，妈妈需要支付的现金总和为217元。

$217<240$，由此看来使用两张抵用券再加57元现金更划算。原来如此！我明白了！今天这顿早茶还真让我长见识了！

游老师的话

数学学习是需要积累和运用的，我们看到了小作者通过计算两种付钱方案，然后再对比，在解决问题的过程中体会到数学的用处，多么了不起的应用意识呀！孩子的数学世界是丰富而有趣的，她的经历也让我长见识了！

小鬼当家买饮料

苏州外国语学校英特四(2)班　刘天健

上周我们去饭店吃饭，爸爸让我去买饮料，我便爽快地答应了。我拿着20元钱，跑进超市。

我选了三瓶500毫升的饮料，每瓶6.9元，想也没想就急忙去付账了。可想而知，钱是不够的。因为6.9×3＝20.7(元)，我只好又回去看了看，居然还有一个1500毫升的大瓶饮料，还附赠一个200毫升的饮料，一看价钱，只要16.9元！太合适了！我立刻决定买下这一大瓶饮料。

哈哈，如果一开始我就多选选、多算算，应该会一下子就选到合适的饮料，看来生活中的数学真是无处不在哟！

游老师的话

好聪明的孩子！在日常生活中，人们理解和应用数学的需求越来越高，比如商场打折、商品促销、投资理财等，都需要应用到数学。我们必须在这个过程中收集和整理信息，分析数据信息，得出有效的解决方案，这都是我们所必需的数学素养的一部分。“看来生活中的数学真是无处不在哟！”数学来源于生活，孩子把在课堂上学到的数学知识运用到生活中去，在运用数学的过程中，成功解决了生活中的实际问题。

消费中的数学

苏州外国语学校六(3)班 杨 霏

星期天，我和妈妈去石路国际商场逛街。

正好，我们碰上了商场搞特惠活动，有两种活动：第一种是“满 100 立减 50”的活动，第二种是“满 100 立减 30”的活动。突然，一家卖女式鞋子的店吸引了我和妈妈的眼球，这家店也正好参加“满 100 立减 50”的活动。妈妈看中的是一双原价是 748 元的鞋子，活动后只要 700÷100×(100－50)＋48＝398(元)。我们一想，不合算，因为如果凑满 800 元，也只要花 800÷100×(100－50)＝400(元)。

我们为了凑满 800 元，又在商场里寻找需要且便宜的东西。但是，很多商品都搞的是“满 100 立减 30”的活动，与“满 100 立减 50”的商品不能同时累计。我们找了很久，终于找到了我们想要的东西——袜子。我们来到了袜子专柜：一双儿童袜要花 15 元，一双女式袜要花 19 元，一双男式袜和女式袜的价钱一样。三双不同款式的袜子需要花 15＋19×2＝53(元)。现在所有的东西原价只需 53＋748＝801(元)。我们去柜台结账，一共只付了 800÷100×(100－50)＋1＝401(元)。

原价买三双袜子要花 53 元，但活动后只花了 401－398＝3(元)。我们用 3 元买到了总价值 53 元的三双袜子，真是太划算了！

原来消费中也有数学啊！无处不在的数学！

游老师的话

“原来消费中也有数学啊！无处不在的数学！”3 元钱买到总价值 53 元钱的袜子，我都觉得不可思议，但通过小作者运用学习到的数学本领，她做到了！数学的美丽、神奇和有趣就在于在生活中用数学。

出租车收费的奥妙

苏州外国语学校五(2)班　张予星

数学在生活中无处不在，今天我和妈妈在乘出租车的时候居然还发现收费的奥妙呢！

今天傍晚时分，我和妈妈要去外婆家吃饭，我们家住在市区，而外婆家在新区。我们商量了一下，妈妈选择坐出租车去。

我和妈妈在路边打车，等了大概五分钟，有一辆出租车停了下来。车身上贴着出租车的价格：起步价 10 元/3 公里，还要加 1 元燃油费，所以就变成了 11 元/3 公里。3 公里后，每公里增加 1.8 元，但帕萨特型的 3 公里后每公里加价 2 元。五公里后加 50%空驶费。等候时间超过 5 分钟，每 5 分钟折合 1 公里。23:00—次日 5:00，苏州出租车收取夜间用车补贴费。正好，我们打到了一辆帕萨特型的出租车。一路上，车上的计价器不停地跳动，每次都增加几毛钱，汽车到了奶奶家，报价器显示 13 元。妈妈问我："从我们家到奶奶家大概是几公里？"我在心里算：13－11＝2(元)，3＋1＝4(公里)。我高兴地对妈妈说："是 4 公里，对吗？"妈妈对我说："对！那么如果我们这次打的是普通出租车，要多少元呢？"我算道：11＋1.8＝12.8(元)。我回答妈妈："是不是 12.8 元？"妈妈说："对的，这回又被你算对了。"我高兴极了，因为我懂得了出租车收费的奥妙，也懂得了怎么用数学方法来解决生活中的实际问题。

数学真是一门有用的学科啊！

游老师的话

我很喜欢这篇数学日记，可以看出小作者非常喜欢数学，对数学理解得十分深刻。是呀，数学真是一门有用的学科呀，比如购物、付款、存款等我们都会用到它。让我们用数学的眼光来观察生活，会有更大的收获。

洗衣服的学问

苏州外国语学校六(1)班　张恩泽

一天，阳光明媚，我正在书房里专心致志地看书。突然，一个熟悉的声音从门外传出，蹦跳着进入我的耳朵，我循声走去，原来是在露台上辛勤洗衣服的妈妈。

“宝贝，”她深吸了一口气，随即笑眯眯地说，“你知道怎么把一件衣服洗得更干净呢？”“当然需要更多的水呀！”我不假思索地回答。妈妈放下手中的活不紧不慢地说：“脏衣服在用洗衣粉充分漂洗之后，一般先把衣服拧紧，排掉污水，再进行漂洗。可现在拧紧好大概还留有 1 千克的污水。现在有 10 千克清水，按以下三种方法去漂洗。方法一：直接把衣服放入 10 千克水中，一次漂洗；方法二：把 10 千克水分成两份，一份 3 千克，一份 7 千克，分两次漂洗；方法三：把 10 千克水，平均分成两份，每份 5 千克，分两次漂洗。哪种洗得最干净？”“咦，这不就像老师今天讲的浓度问题吗？”我回到书房，把我的思考过程写下来：

(1) $1\div(1+10)=\frac{1}{11}$；

(2) $1\div(1+3)=\frac{1}{4}$，$\frac{1}{4}\div(7+1)=\frac{1}{32}$；

(3) $1\div(5+1)=\frac{1}{6}$，$\frac{1}{6}\div(5+1)=\frac{1}{36}$。

经过对比可知，第三种方法含有的污水最少，我迫不及待地告诉妈妈，妈妈直夸我是个聪明的孩子。我挠着头笑着说：“哪里，哪里，小意思啊！”

我恍然大悟，看着眉开眼笑的妈妈，说：“原来如此，在同样水的条件下，平均把水分成份数最多，洗得就越干净。原来洗衣服也有如此大的学问，少用一滴水，呵护我们赖以生存的摇篮——地球。看来生活中处处离不开数学啊！

游老师的话

当我们在运用数学知识解决生活中的实际问题时，我们会真真切切地感受到生活处处离不开数学，这就是数学的应用价值。小作者通过洗衣服这样一件小事，体会到数学是有用的，把数学知识运用于生活。这就是学以致用吧！

巧分段，算车费

苏州外国语学校六(1)班　郑良晨

节假日接近尾声，我们一家三口从距离苏州 18 千米的城市回家。我们全家乘出租车回家。一路上由于是深夜，窗外无美景，我忽见车窗上有一行小字，细细观看，上面写着：起步价为 3 千米以内 7 元。我大喜，赶紧我这一发现告诉老爸。爸爸不以为然，淡定地说："这有什么，全市改革，已将出租车费改为分段收费。3 千米外每千米 1.2 元。"

老爸说完便不吱声了，过了一会儿，他又张口说："考你一道数学题如何？这儿离家大约 18 千米，算一下要多少钱？"我一想，这不是太简单了！3 千米内 7 元，3 千米外的 15 千米只需乘 1.2 元即可。答案刚想出口，的哥说话了："你们该不是想让我半夜开回家而不加钱吧？小朋友，10 千米以外要加 50％的空驶费哦！"

我再一想，收费部分变成三份了。第一份当然是 7 元，而第二份就是 3 千米以外，而 10 千米以内的 7 千米，每千米 1.2 元，$7\times1.2=8.4$(元)。而 10 千米以外的 8 千米却需付额外 50％，那加起来就是需付原来的 150％，那就是 $8\times1.2\times150\%=14.4$(元)。需付的钱就是 $14.4+8.4+7=29.8$(元)。

通报答案，对了！听见了的哥的赞赏，我心里爽极了。

18 千米，不再遥远！因为有数学相助。

游老师的话

学生的数学学习并没有局限于数学课本和课堂，而是透过有趣的乘车经历看到数学的应用价值。通过分段讨论可以看出小作者的数学思维灵活而敏捷。轻松而诙谐的话语透露出他对数学的喜爱，相信这位同学在今后的生活中一定能自觉地运用数学的眼光观察生活、用数学的思维思考问题。

骑车中的数学启示

苏州外国语学校六(5)班　浦　珺

星期六,我和爸爸一起去太湖湿地公园骑车,锻炼身体。

来到公园,我们租了两辆自行车。绕公园行一圈近似一个环形。我突发奇想,我们可以一个人往左骑,一个人往右骑,看看在哪儿碰头。

我征得了爸爸的同意,说干就干,我们便向两头出发。我拿起手表,想看看我们多少时间能相遇。爸爸说他大约60分钟行完全程,而我大约90分钟行完全程,我算了算,大约36分钟后就可以相遇。

我们按照各自的速度,按照定好的线路骑车,终于在熊猫馆相遇了,可这时我看了看表,呀!已经过了40多分钟了。

回家的路上,我一直在思考我们到底要经过多久相遇。到家,我突然想到了我们最近学的工程问题。我想,爸爸60分钟行完全程,那他每分钟就行全程的$\frac{1}{60}$。我90分钟行完全程,那我每分钟就行全程的$\frac{1}{90}$。因为我在中途休息了6分钟,爸爸休息了3分钟。于是我就设实际经过x分钟。

$$\frac{1}{60}(x-6)+\frac{1}{90}(x-3)=1$$

最后算出x等于40.8,也就是说,我和爸爸实际行驶了40.8分钟,比预计的多了4.8分钟呢。

通过这次计算速度,我对数学产生了更加浓厚的兴趣,数学神秘莫测的力量可以像魔术师那样让一件看似几乎不可能完成的事变得格外简单,在日常生活中大大帮助了我们。

游老师的话

一件事提高了孩子学习数学的兴趣,并且把数学的力量比喻成像魔术师那样让一件看似几乎不可能完成的事变得格外简单,多么富有哲理的比喻。学习数学的兴趣可能不是渐变的,而很有可能是突变的,一件事、一本书、一位老师、一次成功的体验……

学做旅游记账单

苏州外国语学校六(3)班　徐乐诚

暑假我和妈妈去澳洲旅游，刚回到家，老妈就让我列个开销清单，把每日买了什么、吃了什么清清楚楚地记录下来。于是我开始盘点我剩余的钱：人民币九张 100 元以及一元钢镚；澳元则剩了三张 100 元的、一张 20 元的、一张 10 元的、一张 5 元的，还有一个 1 澳元和 70 澳分的硬币。算一算剩余的人民币：900＋1＝901(元)，澳元：300＋20＋10＋5＋1＋0.70＝336.70(澳元)。出发前，老妈总共给了我 500 澳元和 1000 元人民币。

1000－901＝99(元)　500－336.70＝163.30(元)，说明我此次行程一共花了 99 元人民币和 163.30 澳元。那这些钱我都用在哪里了呢？我按照日期的顺序回忆列出了下面的花费表格。

日期	地点	项目	支出(元)	
			人民币	澳元
7 月 13 日	浦东机场	浦东机场午餐	15.00	
7 月 14 日		咖啡		4.00
		牛奶		3.00
		薯片＋果汁泥		8.00
7 月 16 日	澳大利亚墨尔本	爆米花		7.00
7 月 19 日		巧克力		35.00
		抹茶巧克力		10.00
		苹果汁		3.00
7 月 20 日		送爸爸的明信片＋纪念币		8.00
7 月 21 日		金沙＋纪念瓶		15.00
7 月 22 日	澳大利亚黄金海岸	送妹妹的金兔		10.00
		小游戏		10.00
		薯条		9.00

续表

日期	地点	项目	支出(元)	
			人民币	澳元
7月23日	澳大利亚黄金海岸	机场牛奶		4.00
		午餐		10.00
		babykino＋冰沙		6.50
		送妈妈的绵羊油		9.00
7月24日	香港机场	午餐	74.00	
总计			89.00	151.50

咦？怎么还少一些钱，哪里没想到呢？正当我绞尽脑汁地回忆时，老妈说："这是你第一次出去，有些花销忘记了情有可原，差这几元也不用太在意了，不过要通过这次的记账列表，学会最基本的记账和理财。这样你就知道下次出游要准备多少钱，哪些钱该花，哪些钱不该花了。"

游老师的话

"要通过这次的记账列表，学会最基本的记账和理财。这样你就知道下次出游要准备多少钱，哪些钱该花，哪些钱不该花了。"多么可爱的妈妈。现代社会，不仅要培养孩子的智商、情商，而且要培养孩子的财商。俗话说："你不理财，财不理你。"从小要在孩子的心里种植一颗理财的种子，也就是让他们用数学的思维记录现实生活。

进货中巧用乘法分配律

苏州外国语学校四(3)班　陈乐欣

我们家开了一家小超市。一天我和爸爸一起去文具市场批发圆珠笔。爸爸挑了46盒红色圆珠笔，54盒黑色圆珠笔。经过几次讨价后，老板说："都以每盒20元给你们吧，以后你们要买笔就来我这里，给你们优惠。"把笔打好包后，爸爸问："共多少钱？""嗯……"看来这位老板数学不咋地，他开始拿出计算器来算，一边算还一边说："46盒红色，每盒20元，46×20＝920(元)，54盒黑色，是54×20＝1080(元)……"还没等老板算完，我马上脱口而出："2000元。""2000元！算得这么快，你是怎么算的？"，爸爸问道。我说："因为红色圆珠笔和黑色圆珠笔每盒的价格一样，我是先算一共有多少盒，46＋54＝100(盒)，再算100×20＝2000(元)，这样就很简单了。"

这时老板也用计算器算出了钱数，跷着大拇指对我说："是2000元，一点没错！"我接着说："我们数学课上学过乘法分配律，你的算法列成算式是46×20＋54×20，用乘法分配律转化成(46＋54)×20来算，结果不变，而且先算46＋54正好是整百数100，所以我算得就快了！"爸爸和老板听了连连点头称赞我头脑灵活，我心里喜滋滋的。看来学好了数学知识，在生活中还真有用！

游老师的话

"看来学好了数学知识，在生活中还真有用！"实在是佩服！心算比电子计算器还要快！只要用心思考，人人皆可成尧舜。孩子们在学数学、用数学、玩数学的过程中不断提升自己的能力，用自己学到的知识解决生活中的实际问题。我相信：他们的数学之路会越来越宽广。

拉面中的数学

苏州外国语学校艺术(五)班　季天乐

在我们的生活中，数学无处不在，有的趣味十足。

有一次，我们全家去"百岁干锅鱼"饭店吃火锅。吃到一半，一个拉面师傅捧着一团面向我们走来，他给我们现场制作拉面，只见他拿起一个面团，一拉，面团立刻变长了，比前面长了一倍，他把那根面对折再拉长，面又变长了，就这样反反复复了好几遍，面变得很长很长了，拉面师傅把那根面切成很多段，并分给我们，那拉面很有弹性，好吃极了。

现在我想起这件事，就想起我们遇到的一道题："兰州来的杨师傅做手工拉面，他先将揉好的面搓成一个圆柱，然后将这个圆柱拉成 1.6 米长，接着再对折，再拉长……像这样拉了 10 次，拉面就做好了。如果将做成的拉面切成每根 1.6 米长，一共有多少根？"

我们可以用列表的方法去解答：

次数	1	2	3	……	9	10
米数	1.6	2×1.6	4×1.6	……	256×1.6	512×1.6
根数	1	2	4	……	256	512

拉一次就等于 1.6 米，根数就是 2 的 0 次方：1；

拉两次就是 2×1.6，根数就是 2 的 1 次方：2；

拉三次就等于 4×1.6 米，根数就是 2 的 2 次方：4；

拉四、五、六、七、八、九次，根数就是 2 的 3、4、5、6、7、8 次方：8、16、32、64、128、256；

拉到第十次时，根数就是 2 的 9 次方：512。

瞧，多方便！

只要留意生活中的点点滴滴，就能找到数学的踪影，让我们一起去探索生活吧！

游老师的话

"在我们的生活中，数学无处不在，有的趣味十足。""只要留意生活中的点点滴滴，就能找到数学的踪影，让我们一起去探索生活吧！"数学有用、生活中处处有数学，这都不应该是从老师们的口中出说出来的，而应该是从孩子的口中、心中、笔下发出的体会和感触。多么有心的孩子，在吃饭的过程中也找到了数学踪影。这样的孩子，真可爱！

有趣的“雷电赛跑”

苏州外国语学校三(4)班　袁明德

今天苏州下大雨啦！窗外暴风骤雨，闪电照亮天际，雷声轰轰响，真是壮观啊！每次都是先看到闪电，再听到打雷。你知道吗？其实它们是同时发生的。因为光“跑”得要比声音快很多。光每秒可以“跑”30万千米，而声音每秒只能“跑”340米。当看见了闪电后停了3秒钟还没有打雷就说明很安全了，因为$340\times3=1020$（米），雷声距离我们还有1020米，也就是大约1千米，不用担心啦。当看到闪电后瞬间就打雷，就说明雷声距离我们很近，开始危险喽。我们可以通过这些知识推算出闪电的距离，防范自然灾害。

游老师的话

一个可爱的“跑”字，描写出了小作者对光和声音速度的理解。在日常生活中我们要善于发现身边的点滴小事，并能运用所学到的数学知识进行推理，提出给大家参考的数学，这就是科学研究！一个三年级的小朋友，这么小就开始像科学家那样数学地思考生活、记录生活，真不简单！

手环里的秘密

苏州外国语学校五(2)班　闻一鸿

今天，妈妈带回来了一个手环。“这是运动手环，可以用来记录你一天行走的步数。”我看着这个手环：黑色的圆环，没有显示屏，只有一块银灰色的椭圆物体，上面只有3个小灰点。“这玩意儿记录数据应该是可以的，但关键是它怎么显示记录的步数呢?”“用手机蓝牙就可以了。”说着，妈妈拿出手机，打开了蓝牙，然后点进了一个软件。数秒后，好像是接收到信息了，手机屏幕上的一个圆转了一圈，显示了记录的步数、米数，还有消耗的“卡路里”。

“卡路里”? 这词儿我听过很多次，就是不知道它到底是什么玩意儿。“妈妈，卡路里到底是个什么玩意儿?”我问道。“就是一个热量的计量单位呀。”妈妈回答。

我对这个答案不太满意，于是就去找万能的“百度”。

“百度”上是这么解释的：1000 卡路里等于 1 千卡；1 克蛋白质包含4 千卡热量；1 克碳水化合物含 4 千卡热量；1 克脂肪含 9 千卡热量；1 克酒精含 7 千卡热量。又举例一碗鸡肉面条汤含 3 克蛋白质、7 克碳水化合物、2 克脂肪，卡路里总数是 58 千卡。怎么算的呢? 哦，就是：$3\times4+7\times4+2\times9=58$(千卡)

那现在我假设有一个食品含 5 克蛋白质、2 克碳水化合物、3 克脂肪和 1 克酒精，就有 $5\times4+2\times4+3\times9+1\times7=62$(千卡)，$62\times1000=62000$(卡路里)。

哈哈，我不仅知道了卡路里是什么，还会算食物里含有的卡路里总数了呢!

游老师的话

多么爱学习的好孩子！“外事不决问谷歌，内事不决问百度。”小作者有很强的自学能力，不仅掌握了新的知识，而且用数学的眼光观察生活。生活中处处有数学，处处都可以运用数学。孩子们只有用数学的眼光思考生活，在生活中感悟数学、运用数学，才能真正体会到数学的美妙。

清淡低盐保健康

苏州外国语学校四(3)班　钦　立

我的爷爷身体一向很硬朗,但是前天他去公园散步,突然间天旋地转,人也跟着“咕咚”一声倒在地上,头都摔破了,流了好多血,幸亏有好心人把他扶起来,送到了医院。

医生说爷爷患上了高血压,要每天按时服药,平时饮食要注意清淡点,每天盐的食用量不得超过 6 克。

爷爷小时候没有读过书,所以他不知道 6 克到底是什么概念,就来问我,他说:“假如我一天吃 6 克盐的话,我一年最多能吃多少袋盐?”

我的脑袋瓜立即就开始转了起来:每个月大约有 30 天,1 个月就是 30×6=180(克),12 个月就是 12×180……但计算“12×180”太复杂了,把“180”末尾的零去掉,剩下 12×18,还是不能简便计算,那该怎么办呀?

我差点就被这道题唬住了,我想了又想。“有了!”可以把数字拆开来算。把“12”拆成“2×6”再乘 180。180×2=360,再用 360×6=2160(克)。每袋盐一般是 500 克,2160 克差不多 4 袋多一点。算出来后,我告诉爷爷,一个人一年最多吃 4 袋多一点盐。他恍然大悟:“以前我和你奶奶每月烧菜都要用掉好几包盐,看来是盐吃多了呀!”

最后爷爷还不忘夸奖我的数学计算能力好呢!

游老师的话

教育是什么?是教给孩子会做题考高分还是教给孩子能力?这是我们每一位老师要经常思考的问题。三流老师教知识,二流老师教能力,一流的老师教思想!从这位小作者的经历来看,她没有学习过三位数乘两位数,但最后她成功地计算出它的结果:把未知的知识转化成已知的知识,把复杂的数学问题转化成简单的数学问题。我们再一次从孩子的体验中得出数学来源于生活,生活赋予了数学丰富的内涵。

乘法分配律的妙用

苏州外国语学校四(3)班　陶桑天羽

数学是我最喜欢的一门学科，因为它不仅可以锻炼我们的思维，使大脑更加灵活，而且和我们的生活有着密切的联系。

今天，数学课上老师教了我们一个新内容：乘法分配律。他告诉我们学数学运算要掌握计算技巧，乘法分配律的技巧就是在运算中可以应用运算定律进行简便计算。也就是两个数加起来乘乘数，等于括号里的一个加数乘乘数加上括号里的另一个加数乘乘数。对此我很感兴趣，牢牢地记在心里……

晚上，听说小区里新开了一家水果大卖场，于是我和妈妈准备去逛一逛。当我们来到卖场时，正好发现有工人在运货，它们运来了 85 箱梨和 48 箱苹果，每箱都重 25 千克。妈妈问："果果，你知道这些水果一共重多少千克啊？"我想："这个真是小菜一碟，还想考倒我？"我想了想便报出了算式：(85＋48)×25。"那得数是多少呢？""我想 133×25 等于多少？"突然我想到了今天数学课上教的乘法分配律：85×25＋48×25。因为身边没有笔，所以又想到了把它们再次利用乘法分配律变成 80×25＋5×25＋40×25＋8×25＝2000＋125＋1000＋200＝3325(千克)。我兴奋地叫道："妈妈，水果一共重 3325 千克。"妈妈对我投来了赞许的目光，笑眯眯地说："不错，能活学活用学过的知识了！"听了这句话，我心里美滋滋的！

学好数学真好，不但可以增长知识，而且可以让生活变得更简单！

游老师的话

"数学是我最喜欢的一门学科，因为它不仅可以锻炼我们的思维，使大脑更加灵活，而且和我们的生活有着密切的联系。""学好数学真好，不但可以增长知识，而且可以让生活变得更简单！"数学的作用在孩子一篇小小的日记中得到了充分的诠释。学习数学的目的在于灵活运用，也就是小作者说的：活学活用！老师、家长和社会要多创造机会让孩子在生活中感悟、体验和运用数学。

第三章　有趣的发现

数学是有趣的，有趣的是在于我们总能发现它在生活中的踪影；
数学是有趣的，有趣的是在于我们总能体验它给我们带来的快乐；
数学是有趣的，有趣的是在于我们通过学习、体验感悟它的美；
数学是有趣的，有趣的是在于我们通过运用、体会思考它的乐。

我找到了规律

苏州外国语学校四(1)班　游致谦

有一天，爸爸给我出了这样一道思考题：

一个五边形的内角和是多少度？

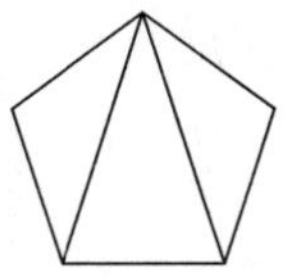

我想了好久好久，都没有想出答案来。于是我拿这道题就去问爸爸。爸爸温和地告诉我说，不要着急，我们可以在纸上运用画一画、分一分的策略，尝试借助已经学过的三角形的内角和的知识来解决它。我们先画了一个五边形，爸爸引导我从五边形的任意一个顶点向和它不相邻的顶点连接，就把五边形分成了三个三角形。

画好之后，爸爸让我观察这个五边形的内角和与这三个三角形的内角和有什么联系？我仔细地观察，发现可以把五边形的内角和转化成三个三角形的内角和。我把我的发现告诉了爸爸，爸爸笑着问我："你现在会求五边形的内角和了吗?"我突然明白了，要求五边形的内角和，只要求三个三角形的内角和，即$180°\times3=540°$。

接着我用同样的方法发现：

四边形的内角和：$180°\times2=360°$；

六边形的内角和：$180°\times4=720°$；

七边形的内角和：$180°\times5=900°$……

也就是说：任意多边形的内角和就是用它的边数减去2，然后乘以180°。现在我可以自豪地说："不管你画出几边形，我都可以计算出它的内角和。"自己找到了规律，我好开心！

游老师的话

孩子的动手操作、独立思考、自主探索和发现意识都是在探究中不断发展的，小作者在学习的过程中发现了一个数学规律，解决问题后的成就感跃然于纸上。做中学，学中做都是学习数学的好方法。

楼梯中的数学奥秘

苏州外国语学校三(2)班　王梅颖

我家住在一栋高层住宅楼里。今天,我和妈妈回家走到电梯口,看到两个电梯都出故障了,工作人员正在抢修。我问妈妈:“没有电梯,我们怎么回家呢?”妈妈说:“爬楼梯回家也很有趣哦!”

于是,我和妈妈一起爬楼梯走回家。走着走着,我发现从 1 楼走到 2 楼有 18 级台阶,从 2 楼走到 3 楼也有 18 级台阶,从 3 楼走到 4 楼还是 18 级……妈妈笑眯眯地说:“考考你,回到我们家一共要走多少级台阶?”我被妈妈问得一头雾水,妈妈轻轻地提醒道:“从简单的想起哦!”我灵机一动,“有了！从 1 楼走到 2 楼有 1 个 18 级,走到 3 楼是 2 个 18 级,走到 4 楼是 3 个 18 级……由此推想到:我家住在 15 楼要走 14 个 18 级。啊！我发现了一个规律:

(楼层数－1)×18 级＝共走的台阶数。”妈妈夸我真是一个善于观察,肯动脑筋的好孩子。

数学课上老师常说数学在生活中,生活中有数学。今天在爬楼梯的过程中,我发现并解决了楼梯中的数学问题。我好开心啊!

游老师的话

多么有心的孩子呀！数学规律就存在于有心人的眼里,存在于爱思考的人的心中。小作者在解决了楼梯中的数学问题之后,心里非常开心,这就是数学带给我们的魔力。通过日记我们可以了解小作者是一位善于观察生活的孩子,通过观察,她发现楼层之间都有 18 级台阶,在计数的过程中带给她的是理性思考和数学在生活中应用的价值。

分数大小比较的奥秘

苏州外国语学校五(1)班　游致谦

今天，我自学数学书的时候，看到有这样一道题：$\frac{1}{2}$和$\frac{1}{3}$到底谁更大呢？

根据我自学的分数和除法的关系，$\frac{1}{2}=1\div2$，$\frac{1}{3}=1\div3$，当然是$1\div2$大，因此$\frac{1}{2}>\frac{1}{3}$。通过这种方法，我还得到了$\frac{1}{3}>\frac{1}{4}$，$\frac{1}{4}>\frac{1}{5}$，$\frac{1}{5}>\frac{1}{6}$……

还有什么方法能比较出分数的大小呢？

我继续深入研究，$1-\frac{1}{2}=\frac{1}{2}$，$1-\frac{1}{3}=\frac{2}{3}$……如果借助一个圆，分别用阴影部分表示出各个分数，然后可以比较阴影部分或者是空白部分的大小。阴影部分大的分数它的大小就大，空白部分大的分数反而小。

后来，我又想，上面的两种方法是不是适合所有分数的大小比较呢？如果要比较$\frac{2}{3}$，$\frac{3}{4}$和$\frac{4}{5}$的大小，怎么办呢？

我用第一种方法：$\frac{2}{3}=2\div3=0.666\cdots$，$\frac{3}{4}=3\div4=0.75$，$\frac{4}{5}=0.8$，也能比较出它们的大小。

我也可以运用第二种方法：$\frac{2}{3}=1-\frac{1}{3}$，$\frac{3}{4}=1-\frac{1}{4}$，$\frac{4}{5}=1-\frac{1}{5}$，同样能比较出分数的大小，$\frac{2}{3}<\frac{3}{4}<\frac{4}{5}$。

经过两次研究，我终于发现了分数比较大小的秘密。我想，分数大小比较的方法肯定还有其他的方法，这些方法等待我们去探索呢！等你发现了这些方法时，你会感到无比的骄傲和自豪。因为那时，你已经登上了数学殿堂的宝座。

游老师的话

教是为了不教！这篇数学日记是小游同学自学“分数的大小比较”时写的。数学世界对于学生来说是绚丽多彩、充满探索的未知世界。在研究的过程中，学生的探索能力得到了提高，思维能力得到了提升。

魔方块数的奥秘

苏州外国语学校六(2)班　杨雪凡

我特别喜欢玩魔方，二阶、三阶、四阶我都会还原。那天，爸爸送我去上学，我在车里玩魔方，爸爸发现后，问：“你知道三阶魔方由多少块近似的正方体组成吗？”“那还不简单，三阶魔方就是 3×3×3＝27(块)。”我随口答道。“不是吧，再好好想想。”可是我百思不得其解。

晚上放学回家，我从家里翻出一个旧的三阶魔方，把它一块一块地拆开，又数了数，一共 26 块，那一块少在哪呢？我突然发现，魔方不是实心的，而是空心的。

我发现：魔方就是把一个大正方体表面涂上 6 种颜色，平均分成若干个小正方体，把六面都没有颜色的除去，就是魔方近似小正方体的块数，中间空心的部分是轴。根据这个规律计算三阶魔方块数：3×3×3＝27(块)是总块数，去掉最外面一层有颜色的 3－2＝1，所以 1×1×1＝1(块)是没涂颜色的，27－1＝26(块)。四阶也是同样的道理：4×4×4＝64(块)　4－2＝2　2×2×2＝8(块)　64－8＝56(块)。二阶有些特殊：2×2×2＝8(块)　2－2＝0　0×0×0＝0(块)　8－0＝8(块)，它没有没涂颜色的。

根据这个规律还能推导出一个公式：设 n 为魔方的阶数，就有 $n^3-(n-2)^3$ 个近似的小正方体了。看来魔方中也有不少奥秘等着我们去探索。

游老师的话

“做中玩、玩中做”和“做中学，学中做”的活动不但是对知识感知和应用的过程，也是有条理地思考、解决问题，增加学习兴趣的良好途径。学生在操作过程中提高了动手能力，丰富了数学的内涵。

卡也可以这么玩

苏州外国语学校六(2)班 周子龙

晚上，我在整理我的《柯南杀》卡片，整理到一半时，妈妈进来了。

她看见了我手中的牌，眼珠一转，神秘地对我说：“小子，你如果想要玩牌，就回答我几个问题，答对，就玩，答错，睡觉。”“好！”我一口答应，心想：有什么难得倒我的？

“请听题，你这牌共有几张？分为几类？各有多少张？”

“这岂能难倒我？共有 165 张牌，分为 4 类，人物牌 35 张，身份牌 10 张，游戏牌 110 张，体力牌 10 张。”我如背台词一样念着，倒背如流。

“这没难倒你。好，那么，”妈妈又从牌中取出 10 张问，“如果这里有红桃 3 张，其余的花色张数都不同，那黑桃可能占几分之几？”我略加思考说：“张数分别是，嗯……1、2、3、4，加起来等于 10，那么黑桃可能占$\frac{1}{10}$，$\frac{2}{10}$，$\frac{3}{10}$，$\frac{4}{10}$。”“你好像忘了什么？！”“啊，忘了约分！”我大惊。“哈，你错了，可睡否？”妈妈问道。我很不甘心。妈妈会心一笑：“我再给你一次机会，再出一题。听好，我现在有 44 张牌，依次按人物、游戏、身份、体力牌放好，问：第 14 张牌是什么？最后一张牌是什么？体力牌有几张？”

我不敢疏忽，拿出草稿纸，算到：$14\div4=3$(组)……2(张)，第 14 张是游戏牌。$44\div4=11$(组)，最后一张是体力牌。体力牌有 11 张。“这简单！”我将答案告诉妈妈。妈妈见没难倒我，便心生一计：“若你在这四牌中抽中黑桃，你就可以玩牌，若不中，哼哼，就睡觉！”我心想：如此好事！一抽，见证奇迹的时刻到了。

啪！方片！我欲哭无泪。我眼疾手快，从妈妈手中夺回三张，一看皆是方块，大喊："耍赖！"妈妈哈哈大笑！

游老师的话

游戏是每一位孩子的最爱，在游戏中运用数学解决问题时，孩子们是开心的、愉悦的，他们的每一个脑细胞都散发着思考的魅力；在游戏中运用数学解决问题时，孩子们是有笑声的，他们的每一个脑细胞都享受着思考的魅力；在游戏中运用数学解决问题时，孩子们是幸福的，他们的每一个脑细胞都主动地进行思考。

余数的妙用

苏州外国语学校四(5)班　王　晶

在我四年级的生日时，妈妈买回了一大堆五颜六色的气球来装饰房间，我想从中拿出一个气球，可没想到妈妈笑着拦住了我的小手，神秘地说："晶晶，想要气球的话，只要答对我的题目，就能领奖品哦！"

我想也没想就答应了。我开始坐在沙发上等待出题。"开始吧！快点出题吧！"妈妈说："我有一些气球，从左起依次按照'红黄蓝绿紫'的顺序排列，你能告诉我第26个气球是什么颜色吗？其中有多少个是红色气球？"

这可难不倒我，我赶忙跑回房间拿了个本子和笔，在客厅里比划起来。我是这样想的："可以进行分组，每5个气球为一组。26÷5=5(组)……1(个)，最后1个应该是代表第6组的第一个。那就是红色了。因为每组有1个红气球，加上最后1个红气球，所以一共有6个红色气球啦！"

我把我的答案告诉了妈妈，妈妈摸着我的头，高兴地说："晶晶，你真是长进了不少！"

我拿到了一块大巧克力和两束气球，我的心里甜甜的。

游老师的话

主动学习是甜的！数学与生活天然地联系在一起。卡片中有数学、楼梯中有数学、游戏中有数学、购物中有数学、和妈妈的对话中还有数学……数学学习就是让每一位孩子拥有发现数学的眼光、学习数学的大脑、欣赏数学的眼睛，用数学知识解决生活中的问题。

化难为简，发现规律

苏州外国语学校四(5)班　周金磊

数学课上，游老师给我们讲解了如何用计算器探索积的变化规律，课后我仍然意犹未尽。我找到了一本关于计算的书，上面有一道为“7777777×9999999”的题，这可难倒了我。

我仔细观察了这道题，数字比较大。于是我尝试用计算器计算，由于数字太大，计算器显示“ERROR”。在课上，游老师经常说遇到不会的题可以把它化难为简，从已知知识到未知知识，发现规律后再计算。我先算1个7乘1个9，7×9=63；再算2个7乘2个9，77×99=7623……

借助计算器我继续计算：

777×999=776223，

7777×9999=77762223，

77777×99999=7777622223。

观察上面的算式，我发现了积都是由7、6、2、3组成的，而且6和3只有一个，7和2的个数是因数位数的个数减1。由此可以算出7777777×9999999=77777762222223。

自主探索数学知识的感觉真好！

游老师的话

现在的孩子真的了不起！一个四年级的孩子就开始独自探索数学知识，能够采用多种方法、化繁为简的方式去探索未知世界。孩子不是一张白纸，我们教师只有不断学习，才能在孩子这张纸上画出五彩斑斓的画卷。

神奇的“走马灯数”

苏州外国语学校六(2)班　尤文蔚

“142857”这个数，我想大家一定不陌生吧？也许，当我们学习并记忆分数时就接触过了，因为 $\frac{1}{7}=0.142857142857$……这是一个无限循环小数，如果再往下除：

2÷7＝0.28571428571428 57……

3÷7＝0.42857142857142854……

4÷7＝0.57142857142857 14……

我惊奇得发现，小数点后的数都是由“142857”演变而来的！那142857是怎么来的呢，还要再继续计算：

9÷7＝1.285714285714285714285 7……

99÷7＝14.142857142857142857142857……

999÷7＝142.714285714285714285714285 7……

9999÷7＝1428.428571428571428571428571428 57……

99999÷7＝14285.5714285714285714285714285 7……

999999÷7＝142857

好了，142857整数出现了，如果继续算下去……

9999999÷7＝1428571.285714285714285714285714285 7……

又是不停地轮换、循环着，那么用“142857”乘呢？是不是也有规律呢？我又算了起来。

142857×1＝142857(原数)

142857×2＝285714(轮值)

142857×3＝428571(轮值)……

一直乘到这里，都是142857轮值过来的。其实不止这些，142857乘以含7的任意数字，算出来的结果的各个数字之和都等于36，如：

142857×17＝2428569　2＋4＋2＋8＋5＋6＋9＝36

142857×27＝3857139　3＋8＋5＋7＋1＋3＋9＝36

142857×37＝5285709　5＋2＋8＋5＋7＋0＋9＝36……

是不是很神奇呢?

游老师的话

孩子眼中的数学是神奇的，犹如神来之笔。怎么能这么神奇呢?神奇的“走马灯数”，我也是第一次听说，小作者却充分发现了数学的奥秘，正是数学本身具有的趣味性和无穷魅力，吸引着孩子，孩子也从中发现了数学的美。

瞬间计算法

苏州外国语学校三(2)班　常夏玄

星期六下午，我做完作业闲着没事，妈妈就给我出了一个问题：“你知道15乘15等于多少?”我一听，拿起笔就开始计算，一算完就大声报答案：“225!”“正确!”妈妈笑着说，“不过，从你拿起笔开始计算，用时至少40秒。可是妈妈有一种瞬间计算法，三秒钟就可以报出答案。”“真的?”我半信半疑。

妈妈拿出一张纸，在上面写下了“25×25、35×35、45×45、55×55”，接着她冲我神秘一笑，“刷刷”几笔就写出了这些算式的答案，速度之快让我目瞪口呆。

我还是不服气，找出计算器，一个一个地验证，神了！结果全对！我拉住妈妈央求她说："快教教我这种瞬间计算法吧！"妈妈说："那你先观察两个相乘的数有什么特点？"我看着手上的纸，认真观察着。

15×15＝225
25×25＝625
35×35＝1225
45×45＝2025
55×55＝3025

"哦，我知道了！两个相乘的数相同，而且末尾数字是5。"妈妈摸着我的头说："你真会发现！运用瞬间计算法，就必须满足这两个条件。再观察一下这些得数，你又发现了什么？"我几乎是脱口而出："得数的后两位都是25！"妈妈点了点头说："嗯，是的！继续观察，你还发现什么规律了吗？"我左手托着腮帮子，右手在纸上写写画画，绞尽了脑汁也没有什么新的发现，只好把求救的眼光投向了妈妈。妈妈也不说话，微微一笑，在纸条的右侧写下了一些算式：

15×15＝225	1×(1＋1)＝2
25×25＝625	2×(2＋1)＝6
35×35＝1225	3×(3＋1)＝12
45×45＝2025	4×(4＋1)＝20
55×55＝3025	

我根据妈妈给我的提示，仔细观察了一番，顿时恍然大悟："我明白啦！计算结果的前半部分是乘数的第一个数字再乘第一个数字加1的和。那么55×55＝3025的计算方法是这样的：得数的前半部分是5×(5＋1)＝30，后半部分是5×5＝25，结果就是3025！"我高兴地把这个发现告诉了妈妈，妈妈满意地点了点头。随后妈妈又出了几题两个乘数相同，末尾数字是5的算式：65×65、75×75、85×85、95×95，我运用瞬间计算法，很快报出了答案，妈妈对我竖起了大拇指！

同学们，你们也学会了这种瞬间计算法了吗？不妨也去试一试哦。

游老师的话

伟大的科学家爱因斯坦说过："我们体验到的一种最美好、最深刻的情感，就是探索奥秘的感觉；谁缺乏这种感觉，谁就丧失了在心灵的神圣的战栗中如痴如醉的能力。"因为思考，我们的孩子展示出生活中最美好的事物；因为思考，我们的孩子创造出数学中最实用的规律；因为思考，我们的孩子记录下学习过程中最精彩的经历。

我的发现

苏州外国语学校五(1)班　陈亦婧

在做小数减法时，我做过这样一道题：9.8－8.9＝0.9；我还做过另一道题：9.6－6.9＝2.7。

我突然发现：这两道小数减法中，被减数与减数的位数一样多，都是个位数与十分位数组成的数，且被减数与减数的个位上数字与十分位上数字正好互换一下。

慢，还有发现：

1. 两题的得数都和9的倍数有联系。

2. 第一题中，个位上的数字与十分位上的数字相差1(9－8＝1)，得数就是1×9＝9。由于这道题的两个数都是一位小数，所以得数也是一位小数，即9×0.1＝0.9。

同样地，在第二道题中，个位上的数字与十分位上的数字相差3(9－6＝3)，得数就是3×9＝27。由于这道题的两个数都是一位小数，所以得数也是一位小数，即27×0.1＝2.7。

如果用字母式子表示，则可以这样写：

$a.b-b.a(a>b)=(a-b)\times 9\times 0.1$。

游老师的话

学生真切地感受到了“数学”天空之辽阔！每一个孩子都有无限的创造力，人人皆可为尧舜。我们的小作者不仅发现了数学规律，而且抽象成用字母表示发现的规律。我相信，这位小作者会在“数学”这片广阔的天空中越飞越高。

“汉诺塔”玩具的秘密

苏州外国语学校六(1)班　俞霏霏

最近买了一个很有意思的玩具，叫做汉诺塔。汉诺塔上有三根木柱，其中一根木柱上按从大到小的顺序依次排列了八个圆盘。在每次只能移动 1 个圆盘的情况下能全部移到另一个柱子上，并且小的圆盘只能叠在大的圆盘上面。如果要计算至少移动的步数，可以把比它少一层的汉诺塔的步数乘二再加一。比如两层的汉诺塔的步数就是一层汉诺塔的步数乘二再加一，也就是三步。(把这个公式简单归纳一下就是有几层就是 2 的几次方再减一)那么八层的汉诺塔就是 2 的八次方再减一，一共是 255 步。

在印度神话中，梵天在创世纪时做了三根金刚石柱子，一根柱子上从下往上按大小顺序叠着 64 片黄金圆片，并且命令婆罗门移动，当 64 片圆片重新叠在一起时世界会在一瞬间闪电式毁灭。据说婆罗门至今还在一刻不停地搬动着。科学家也证明了这是真的。

这可让我纳闷了，为什么世界会毁灭呢？后来我仔细算了算 64 层汉诺塔的步数，突然令我恍然大悟，原来 64 层汉诺塔的步数是 2 的 64 次方减 1，一共是 18446744073709551615 步，如果以一层要 1 秒，那就要大约 5800 亿年。那时人类都搬到外星球上去了，世界早就灭亡了。

知道了问题的答案，我的心里顿时很有成就感。数学真的很有趣，也很神奇，能在其中发现不少奥秘！

游老师的话

“汉诺塔”玩具的秘密和在棋盘上放米有异曲同工之妙。“学习数学，只有很好地去用它，才能发挥它的价值。”学以致用才能让我们感受到数学是有用的，才能让我们感受到成功的喜悦。小作者由衷地发出惊叹：“数学真的很有趣，也很神奇，能在其中发现不少奥秘！”

数字的倍数问题

苏州外国语学校四(3)班　鲜安哲

星期六下午，我做完作业没事干，爸爸便把我喊了过来，问：“你知道2的倍数有什么特点吗？”我张口就答：“它们是双数。”“还有吗？”爸爸接着问。“它们个位上的数都是0、2、4、6、8。”爸爸说：“真了不起，那你知道4的倍数有什么特点吗？”这下可真把我难倒了。

首先，我找了一些4的倍数的数，把它们一一列举出来。我发现，4的倍数的各位上也是0、2、4、6、8，于是我就把这个发现告诉了爸爸，可爸爸只说出了一个数就推翻了我的发现。爸爸便让我继续观察，可是我左看右看还是看不出来，爸爸便给了我一个提示：“注意看这些数的后两位。”我用上爸爸给我的提示，从左到右又看了一遍，顿时恍然大悟。

原来，4的倍数的特点是：一个数的最后两位如果是4的倍数，这个数就是4的倍数。之后，我又找来了一些数验证了一下，例如：437就不是4的倍数，我先用了 $437\div4=109\cdots\cdots1$，符合这个条件。我又找了一个数：1024，24除以4等于6，就说明1024是4的倍数。

同学们，这就是我关于数字的倍数的发现，你们不妨也去试一试。

游老师的话

小作者从2的倍数研究到4的倍数，运用巧妙的方法进行猜想、验证、推理，最后得出结论，从而解决了类比中的实际问题，这就是数学的价值所在。数学的严谨性和实用性通过孩子的分析得以体现。我们孩子研究数学的态度是多么一丝不苟、严谨认真、富有理性。佩服佩服！

密码风波

苏州外国语学校五(5)班　周金磊

舅舅送给了我一台笔记本电脑，让我更加方便地学习。我开心地享受着电脑带给我的乐趣。在快乐的同时，我眼睛的度数“噌噌”地往上涨。为了我的视力，妈妈设置了密码。

一天，妈妈出门去了。我偷偷地把电脑打开，原来是四位密码，心想：“这个密码只有四位，我为什么不多猜几次呢？说不定我就可以打开电脑呢。”

说试就试。我从“0”开始：0000、0001、0002……试了5分多钟，我才试到0569。这一共到底有多少个密码呀？我要试到什么时候呀？突然，一个念头从脑子里闪过：“与其在这儿浪费时间，还不如算算如果要破解密码，一共要试几次？至少要多长时间？”

我拿起笔：第一位可以输入十个数字，第二位也可以输入十个数字，如果是两位密码就有10×10＝100种密码，三位密码就有10×10×10＝1000种密码，四位密码也就有10×10×10×10＝10000种密码。如果试一个密码要5秒，10000种密码就是10000×5＝50000(秒)，也就是14个小时。破解一个四位密码居然要14个小时！我把算式看了又看，发现了一个问题：我没有把字母算进去。我又重新算了一遍：(26＋10)×(26＋10)×(26＋10)×(26＋10)＝1679616种，1679616×5÷60÷60＝2332.8(小时)。破解一个四位密码的真正时间应该是2333小时！

一个小小的密码居然有这么大的玄机！

游老师的话

小密码，大玄机！说得多好呀！学会收集数据、整理数据、分析收据、处理信息是现代公民必须具备的数学素养之一。本文中的小作者对四位密码进行一一列举，对自己的兴趣、好奇的知识进行研究。好奇心是一切学习的开始，有序思考是一种重要的解决问题的策略，孩子在运用策略的基础上体会到组合与排列的奥秘。

第四章　我爱画数学

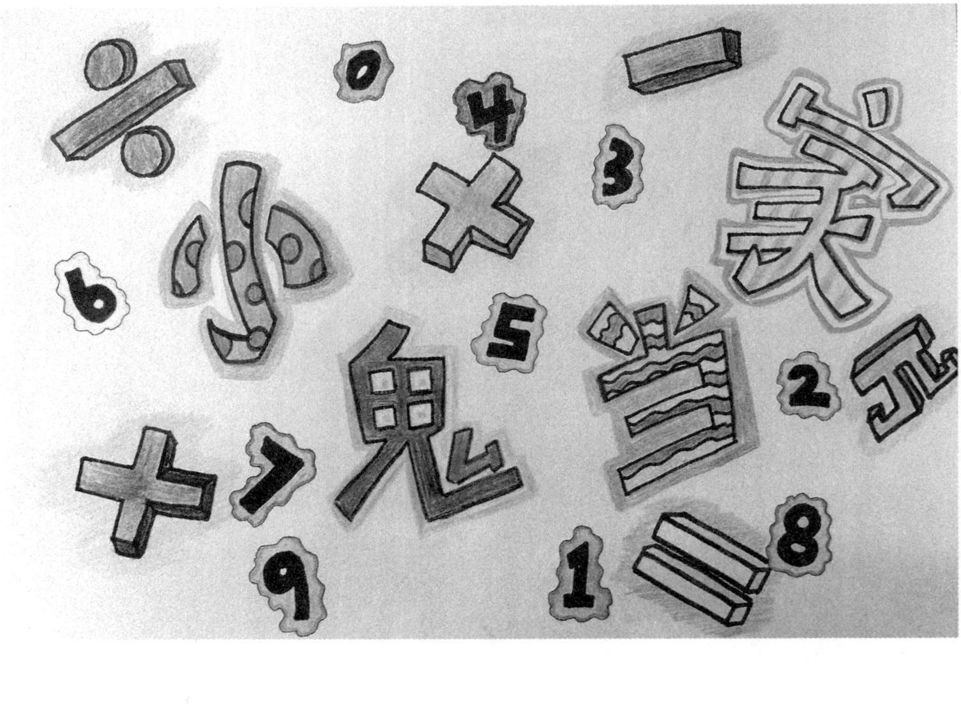

学生学习数学的方式是什么?

是机械重复的训练还是简单操作的模仿?

是题海战术还是反复操练?

我想:孩子们有自己学习数学的方式,除了数学课程标准所说的认真听讲、积极思考、自主探索、动手实践、合作交流之外,数学还可以画出来。在画数学的过程中学生提高了对数学的认识,提高了数学能力,积累了数学活动经验,提升了数学素养。

奇妙的图形

泰州市第一外国语学校英特一(1)班　陈子旭

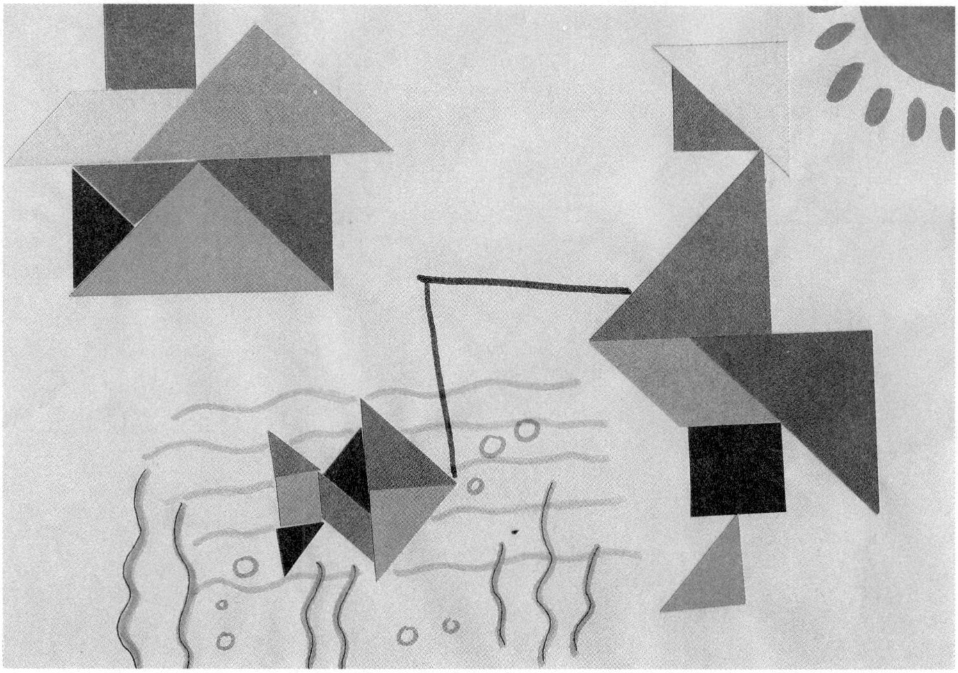

游老师的话

我们陈子旭小朋友的想象力非常丰富，刚刚学习了认图形，他就用一些图形拼成了一个悠闲自得的老人在垂钓，多么富有诗情画意的情景呀！童真、童趣无时无刻不充斥我们的数学课堂。数学图形在孩子们的眼里是那么富有生机。数学不应该是枯燥无味的，而应是充满童真和童趣的！

数字自行车

泰州市第一外国语学校英特一(1)班　陈子旭

游老师的话

0—9 这 10 个数字，我们也能进行作画，并且画出了一辆漂亮的自行车，真了不起！孩子喜欢什么样的数学作业？新课程理念下我们应该怎样布置作业？是简单重复还是要提倡创新？这都应该是我们教师应该要研究的课题。

丰收的果园

泰州市第一外国语学校英特一(1)班 李宛轩

游老师的话

仔细看看，在这丰收的果园周围，还有用数字“长成”的小动物，这就是小画家眼中的数学世界，“画中学”这种学习方式启发思维、启迪智慧，把孩子们的数学智慧表达得淋漓尽致！

神奇的海底世界

泰州市第一外国语学校英特一(1)班　袁秋实

游老师的话

用我们学习过的图形“贴”出了一个神奇的海底世界！一年级的袁秋实小朋友真了不起！数学真好玩，孩子们需要好玩的数学，我们应该给孩子一个怎样的数学童年，这是我们教师应该深思的问题。数学好玩，如何让孩子有深刻的体会，从小爱上数学，对数学产生浓郁的学习兴趣，在孩子们的心中播种下一粒数学的种子。

七巧板中的数学

泰州市第一外国语学校英特一(1)班 夏开颜

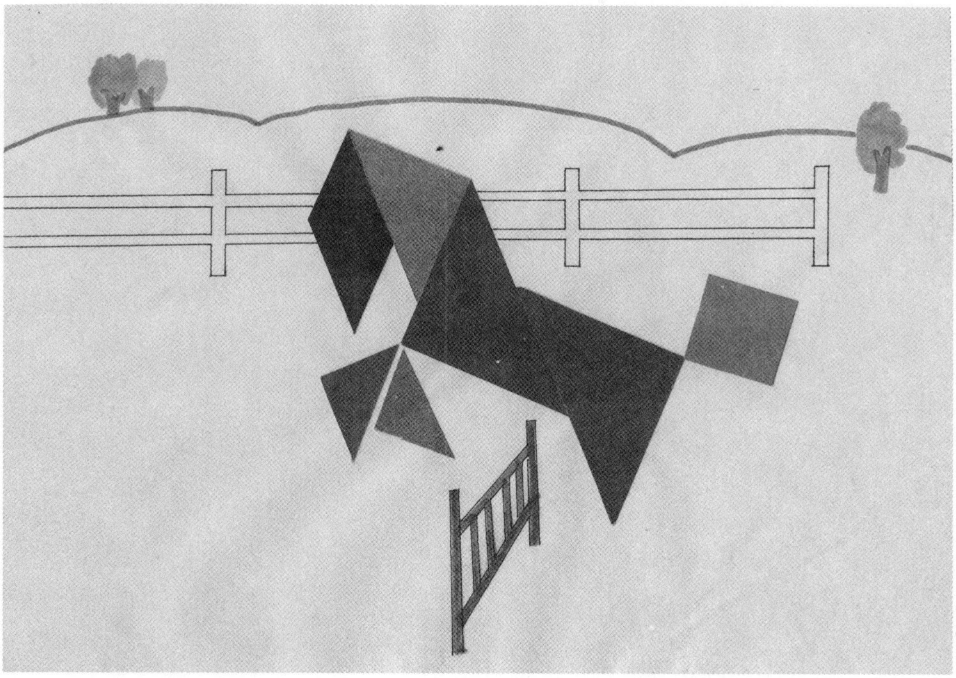

游老师的话

夏开颜小朋友用七巧板拼成了一幅骏马奔腾的图片，多么形象逼真，真是由衷地说一句："孩子，你真棒！"巴尔扎克说过："一个能思想的人，才真是一个力量无边的人。"在贴画的过程中，发展了孩子的空间观念和创新意识，孩子把图形拼出一幅画，学以致用，我们的数学思维会越来越灵活。

美妙的七巧板

泰州市第一外国语学校英特一(1)班　袁秋实

游老师的话

七巧板不仅可以贴成骏马，而且还可以贴成白天鹅。孩子学习数学知识需要一把“钥匙”，这把“钥匙”可能是老师或同伴给予他们的，也可能是他们自己找到的。孩子在“做中玩”“做中学”的过程中开始了自己的探索与思考之路，这就是数学的吸引力。

我用七巧板拼寓言故事之狐狸和乌鸦

泰州市第一外国语学校英特一(1)班　王琪铭

游老师的话

运用图形还能作画，还能作成寓言故事的插图？我们一年级的王琪铭同学真了不起！学习了语文课本的寓言故事，他用图形拼出了一幅形象逼真的画，太有想象力了！

我用七巧板拼历史故事之三顾茅庐

泰州市第一外国语学校英特一(1)班 张铂成

游老师的话

又是一幅精美的寓言故事插图，我们的孩子太有想象力啦，佩服佩服！孩子们习惯在学习知识的同时引发自己的想象力，在想象中运用数学，走进奇妙的数学世界，获得无穷的感悟。这样的学习方式是活泼的，也是孩子们非常喜欢的方式。孩子们在想象、涂鸦的过程中运用数学认识世界。

我用七巧板拼古诗之锄禾

泰州市第一外国语学校英特一(1)班　余　悦

游老师的话

学生的数学学习活动应当是一种生动活泼、主动的和富有个性的过程。把数学图形和语文的古诗结合起来，真美！我真没有想到有这么神奇！

神奇的图形贴画

泰州市第一外国语学校英特一(1)班　廖轩宇

游老师的话

还是用我们学习过的图形"贴"出了一个神奇的海底世界！一年级的廖轩宇小朋友真了不起！我们教师的主要任务是让孩子对数学有深刻的体会，让他们从小爱上数学，对数学产生浓郁的学习兴趣，在孩子们的心中播种下一粒数学的种子。成功的体验是让孩子感受到数学的乐趣、学习的乐趣和探究的乐趣。

小鬼当家

苏州外国语学校四(2)班　蔡成杰

游老师的话

我们的数学日记班报的名称是“小鬼当家”，我们在全班范围内征集班报的刊头画。孩子们通过绘画学数学，把学习数学变成好玩的、有趣的学习活动。孩子们在写一写、画一画等过程中学会了用数学的眼光观察我们周围的世界，用数学的思维思考问题。

今天我当家

苏州外国语学校五(3)班　胡　喆

游老师的话

多么有趣的"小鬼当家"刊头画！我不禁开始佩服胡喆小朋友的想象力。在这幅图画中，我们看到了许多数学元素，看得出来他非常喜欢数学，并且非常自信地学习数学。自信，真好！

第五章　数学与文化

你知道哥德巴赫猜想吗？对联中有数学吗？我们常常玩的扑克牌，有关它的数学故事你听说过吗？……

这些有趣的数学问题，都被我们热爱数学的小朋友研究过、思考过。

来吧，和我们一起走进这神奇的数学故事吧！

哥德巴赫猜想

苏州外国语学校四(3)班　徐乐诚

人们常说的哥德巴赫猜想就是要证明1+1。太奇怪了，连幼儿园的学生都知道答案是2啊！后来去维基百科上查了一下，才知道没这么简单。哥德巴赫是欧洲的一位伟大的数学家，两百多年前，他提出了一个猜想，任意一个大于2的偶数都可以分拆为两个素数的和。

那同学们要问了，什么是素数？其实也很简单，就是只能被1和自身整除的数。举例来说，2只能被数字1和2整除，7只能被1和7整除，那么它们都是素数。而6除了能被1和6整除外，还能被2和3整除，那么它就不是素数。同学们可以自己算一算，下面这个数字序列是不是都是素数：2，3，5，7，11，13，17，19，23……当然它们都是。

好，知道了哪些数是素数，我们再来看看一些偶数的分拆。例如18，它可以是11与7的和，也可以是13与5的和。这两种分拆都是1+1的素数分拆。再看26的素数分拆可以是3与23，7与19，13与13。这三种分拆也都是1+1。但是对于越大的偶数，它的两个素数分拆也越困难，因为大素数本身的寻找就是很困难的。

世界上的很多数学家都想证明哥德巴赫猜想，中国的数学家陈景润做出了很大贡献。同学们如果对这个问题有兴趣，可以去读一读这方面的书。说不定哪天，你会蹦出一个有创意的思路，破解这个举世闻名的数学难题。

游老师的话

“说不定哪天，你会蹦出一个有创意的思路，破解这个举世闻名的数学难题。”说得多么自信呀！数学是丰富的，在数学学习的过程中，让我们的学生多了解一些数学文化、多了解一些数学历史，多了解一些数学的发展，激发学生学习数学的兴趣的同时，又培养了学生的数学素养，愿我们的孩子在数学的天空飞得越来越高！

对联里的数学题

苏州外国语学校五(4)班　王淑睿

今年夏天，我去奶奶家玩，一到那里我发现整个村子都喜气洋洋的，我觉得很奇怪，今天并没有节日啊？一问，原来是村里一位老人过生日。

到了奶奶的家，我便问奶奶："是谁过生日啊？过得那么隆重。""这个人可是全村最老的老人！"奶奶答道。"最老的老人？"我问道，"那她到底多少岁呢？"我很好奇全村最老的老人会是多少岁，奶奶想了想，然后对我神秘一笑，说道："我今天呢要给她送一副对联，对联里有一道数学题，上联的得数是她的岁数，下联的得数也是她的岁数，你就当是验算一下吧！"奶奶拿出一副对联，上联是：花甲重开，又加三七岁月。下联是：古稀双庆，更多一度春秋。一开始，我不知道从哪儿下手，毕竟我连"花甲"和"古稀"都不知道是什么意思，怎么可能算得出来！后来妈妈告诉我花甲就是六十岁的意思，因为六十岁的时候黑发就会开始变成白发；古稀就是七十岁的意思，因为古代人活到七十岁的很少，而且有一句谚语是这样说的——"七十古来稀"。一听妈妈这一解释，我马上就算出今天这位老奶奶过多少岁大寿了。你看花甲是六十岁的意思，重开是头发第二次开始发白，那么就是 60 乘 2，又加三七岁月的意思就是再加上三(乘)七(等于)二十一岁，算式是 $60\times2+21=141$(岁)，下联古稀是七十岁的意思，双庆是第二次庆祝的意思，那么就乘 2，一度春秋是一年的意思，更多一度春秋意思是还要多一岁，算式是 $70\times2+1=141$(岁)，上下联都等于 141 岁，那么这位老奶奶今天是要过 141 岁大寿。

经过了今天的这件事，我明白了一个道理：生活中不管哪里都会有数学，只要你留心观察就能发现。

游老师的话

小作者真是一位勤思善问的孩子。他能感受到："生活中不管哪里都会有数学，只要你留心观察就能发现。"数学是无处不在的，生活中处处都有数学的踪影，只要我们智慧地去思考，就会有许多精彩的发现。

孙悟空和猪八戒逛世博

苏州外国语学校四(5)班　李　胜

话说2010年世博会在中国上海举行，孙悟空邀上猪八戒，不远万里，腾云驾雾赶到上海，参观上海世博园。

来到上海世博园的上空，孙悟空一下子就惊呆了。他掏出了量天尺，对着世博园照了几下，说："整个世博园区大约占地5280000平方米，其中浦东部分为3930000平方米，浦西部分为1350000平方米。"

孙悟空挠了挠后脑勺，说："对，太上老君师傅说过，测量和计算大面积的土地时，可以用公顷或平方千米作单位。"

猪八戒说："用公顷作单位比较合适。边长100米的正方形土地，面积是1公顷，也就是说1公顷＝10000平方米。所以把平方米改写成公顷，要除以它们的进率10000。5280000平方米＝528公顷，3930000平方米＝393公顷，1350000平方米＝135公顷。"

孙悟空说："也可以用平方千米作单位。边长1000米的正方形土地，面积是1平方千米。也就是说1平方千米＝1000000平方米＝100公顷。把公顷改写成平方千米比较简便，只要除以它们的进率100，528公顷＝5.28平方千米，393公顷＝3.93平方千米，135公顷＝1.35平方千米。"

猪八戒指着远处突然嚷起来："大师兄，你看，多漂亮的中国国家馆，中国的江苏馆也是我最喜欢的。"

顺着猪八戒的手势，孙悟空看到中国国家馆居中升起、层叠出挑，采用极富中国建筑文化元素的红色"斗冠"造型；江苏馆坐落在中国馆一侧的裙楼里，整个江苏馆就像是一座姹紫嫣红的精致"园林"。

孙悟空又掏出了量天尺量了量，说："中国国家馆建筑面积1.5公顷，江苏馆占地0.065公顷，你知道它们分别等于多少平方米吗？"

"这难不倒俺老猪。"猪八戒说，"把公顷改写成平方米，要乘它们的进率10000。1.5公顷＝15000平方米，0.065公顷＝650平方米。"

孙悟空说："看来你最近学习很用功啊！走，咱们下去好好逛逛。"

孙悟空和猪八戒一起从空中飞下来，开开心心地参观起世博园。

游老师的话

学习了公顷和平方千米，我们的孩子就自己编写了一个数学童话，多么有创意呀！孩子在童话王国中运用数学、理解数学、体验数学、感悟数学。有什么样的教学理念，就有什么样的学生；有什么样的教学方式，就有什么样的未来。我们需要这种创新的童话故事，在故事里我们享受着数学知识的美。

扑克牌中的数学

苏州外国语学校四(5)班　王　喜

“六一”儿童节，我给大家讲了扑克牌中的数学，让大家大开眼界。

扑克牌是一种大众娱乐工具。相传早在秦末楚汉相争时期，大将军韩信为了缓解士兵的思乡之愁，发明了一种纸牌游戏，因为牌面只有树叶大小，所以被称为“叶子戏”，后来发展成为现在的 54 张扑克牌。

扑克牌的 54 张牌解释起来也非常奇妙：大王代表太阳、小王代表月亮，其余 52 张牌代表一年中的 52 个星期；红桃、方块、梅花、黑桃四种花色分别象征着春、夏、秋、冬四个季节；每种花色有 13 张牌，表示每个季节有 13 个星期。如果把 J、Q、K 当作 11、12、13 点，把所有点数相加，即：$(1+2+3+\cdots+12+13)\times4=364$，加上小王的点数 1 就等于 365 点，正好就是平年的天数；如果再加上大王的点数，总点数恰好是 366 点，又正好是闰年的天数。

以上的发现并非巧合，因为扑克牌的设计和发明与星相、占卜以及天文、历法有着千丝万缕的联系。但在扑克牌中包含着很多的数学知识，亲爱的同学们，怎么样，你学会了吗？

游老师的话

数学是神秘而严谨的。扑克牌中的奥秘，激发了孩子们学习数学的兴趣，孩子们带着神秘在数学的天空中遨游，把抽象的数学变得生动活泼。中国历史所积淀出来的文化，给数学增添了许多光彩。

“QQ号测年龄”的秘密

苏州外国语学校五(3)班　尤徐仲琪

最近妈妈的朋友圈里有一条关于“QQ号测年龄”的信息被多次转发。这条信息的内容是这样的：看一下你QQ号的最后一位，把这个数字乘2，然后加上5，再乘50，把得到的数目加上1765，用这个数减去你出生的那一年，得到一个三位数。第一位就是你QQ号的最后一位，接下来两位就是你的实际年龄。

真有这么神奇吗？我半信半疑，便试了一下，我QQ的尾号是5，那么$(5\times2+5)\times50+1765-2005=510$。咦？果真这么神奇吗？于是妈妈和姐姐也迫不及待地用她们的QQ尾号计算了起来，果然又准确无误地算出了她们的年龄。这条微信真是太神奇了！

我决心要去向爸爸请教。爸爸说：“这只是一个很简单的数学运算，并没有什么特别难的逻辑思考。假设手机尾号是X，出生年份为Y，根据题目则可以列出方程式：

手机最后一位：X

乘2：$2X$

加5：$2X+5$

乘50：$50(2X+5)=100X+250$

加1765：$(100X+250)+1765=100X+2015$

减出生年：$(100X+2015)-Y=100X+(2015-Y)$，最终得到的就是$100X+$

(2015－Y)”

我又拿妈妈的手机号算了一下，果然又算对了。爸爸看我还是疑惑不解的样子，又说道：“先看前面的100X，由于我们的手机尾号都是正整数，所以100乘任何正整数，得到的都会是整百数的3位数。因此，不管手机尾号是什么，也不会影响到得数的后两位。2015减去你的出生年份不就是你的出生年龄吗？”

听了爸爸这般解说，我才恍然大悟。我终于破解了“手机号、QQ号测年龄”的秘密。“这真是生活中处处有学问啊！”

游老师的话

小运算，大秘密，说明数学有丰富的内涵。让孩子生活在思考的世界里，这才是应该展示在孩子面前的生活中最美好的事物。最后小作者发出“这真是生活中处处有学问啊！”的感叹，爱思考的孩子真好！会反思的孩子真棒！会探索的孩子真牛！

除法竖式的故事

苏州外国语学校三(2)班　查李果言

有一年秋天，数学王国里来了一位大师，他叫24，他带了一位小徒弟，他的名字叫6。

10月1日这天，秋风刮起来了，非常寒冷！大师24命令徒弟6用一天时间盖一座城堡，于是徒弟6想尽一切办法匆匆忙忙盖了一座城堡“厂”。大师24看了以后非常满意地说：“盖得不错，6，你去外面守门！”6虽然很累，但还是去了，就这样，6一直在门外站岗。不久，6的好朋友4来看它，4是6的好朋友，所以6让4进了房子看他的师傅24。24看见4进来了，就马上给了4一个很危险的工作，让他去房顶上站岗，4只好答应了。6听说让4去做那么危险的工作，非常生气，就商量和4一起去打败自大的24，于是他们俩相乘合成了24，以集聚天地之能量，与自大的 24 PK。但是，24 与 24 能量相等，最后打成平手，能量为 0。

后来，因为最真诚的友谊，为好朋友着想的精神感动了数字魔仙，数字魔仙给这场战役取名为：除法竖式，这个 0 是能量相减之后的产物，所以数字国王赐名这个 0 所在的位置上的数为余数。

后来，6 和 4 的这种友谊和精神在数字王国广为流传，现在大家都用他们相乘的积来 PK 原来的大师，如果能量相等，则余数位置写 0；如果大师的能量有剩余，那这个数就是他们的余数。从此，数字王国把大师叫做被除数，门口的小徒弟叫做除数，站屋顶的叫做商，这样的形式叫做除法竖式。

游老师的话

小作者的想象力太丰富了，一种看似冷冰冰的数学运算，经过小作者的想象顿时变得生动活泼。孩子一旦走进数学的广阔天地，感知到了她的乐趣，进而产生数学好玩的感受。孩子恋上数学，就一定能够真切地明白数学的应用价值，明白数学在生活中无处不在。

解题救师父

苏州外国语学校英特五(1)班　吴浩铭

自从孙悟空三打白骨精被唐僧赶回花果山后，一直当着猴王。后来唐三藏被妖怪抓去后，猪八戒为了救师父出来，亲自驾云去花果山。

猪八戒一见到孙悟空，就赶紧说：“大师兄啊，师父他老人家被妖怪抓了！请你跟我回去救救师父吧！”“哼，什么师父不师父的，他不是都给我写了贬书吗？”猪八戒听了很着急：“哎呀，大师兄，师父他是真的需要你，你快回去吧！”“这样，我出一道题，你答对我就回去救师父。”说完他跳下座椅，说：“龟兔赛跑，全程 2000 米，龟每分钟跑 25 米，兔每分钟跑 400 米。兔跑到离终点 400 米的地方停下睡觉。兔子醒来后赶忙追乌龟，最终赢了。问兔中途睡了多少分钟？这个问题有点难，给你三天三夜时间想。”

猪八戒想了三天两夜，绞尽脑汁也没想出孙悟空的难题。无奈，他只好驾云去找如来佛祖想办法，如来笑了笑说：“八戒，你听好了，先用 2000÷400＝5(分)，表示兔跑这一段路程所用的时间，然后用 2000÷25＝80(分)，算出龟跑到终点要几分钟，再用 80－5＝75(分)，就可以知道兔在中途睡了多少分钟了。”猪八戒听后恍然大悟，连忙向佛祖磕了三个响头，然后飞回花果山向孙悟空说了答案。孙悟空听后大喜，跟八戒回去救师父，打败妖怪，继续保唐三藏西天取经。

游老师的话

我最喜欢读孩子们编写的童话故事，因为他们总能把数学和童话联系起来，而且字里行间是那么诙谐有趣，妙趣横生。从童话中，我们看到了童话故事中的人物对数学的执著，这不正是我们在学习过程中所需要的吗？

吃 鸡 蛋

苏州外国语学校英特五(2)班　陈紫盈

今天一大早，猴妈妈来到菜市场买了 10 个鸡蛋带回了家。正好小猴起床准备吃早餐。小猴见妈妈手里提着一个袋子，袋子里装着 10 个鸡蛋，便兴高采烈地问妈妈：“妈妈今天早餐我就吃鸡蛋吧！”妈妈摇了摇头说：“如果你想要吃鸡蛋，就回答我一个问题。答错了就没得吃，答对了就有得吃，怎么样呢？”小猴看看新鲜的鸡蛋直流口水，勉强答应了。“我这里有 10 个鸡蛋，每天至少吃三个，一共有多少种吃法？”小猴掰起手指，一五一十地算起来，算了一会儿，头有点晕了。猴妈妈在旁边连忙提醒他：“要找出所有的答案，就要做到有序。为了保证不重复、不遗漏，还要先合理分类。列举时可借助表格，这样简明清楚。”

在猴妈妈的指点下，小猴很快有了头绪，他想："10个鸡蛋，每天至少吃三个，最多可以吃三天。所以分成三类，分一天吃完、两天吃完、三天吃完。"按照这样的思路，小猴很快找到了所有的答案(见表格)，他自豪地对妈妈说："一共有10种不同的吃法。"

	一天吃完	二天吃完					三天吃完		
第1天	10	3	4	5	6	7	3	3	4
第2天		7	6	5	4	3	3	4	3
第3天							4	3	3

猴妈妈摸摸小猴的头，高兴地说："孩子你真聪明，奖励你今天吃鸡蛋，你可以自主选择其中的一种吃法。"小猴开心地说："谢谢妈妈。"

游老师的话

读完小作者的童话故事，我觉得小猴就是我们的主人公，多么可爱而聪明呀！"要找出所有的答案，就要做到有序。为了保证不重复、不遗漏，还要先合理分类"这包含着一种数学思想、一种数学方法。在儿童的眼里，用儿童自己的视角去理解数学，这样理解得会更深刻。

靠墙围长方形

苏州外国语学校英特五(2)班　王　梓

在动物学校里，五年级的河马老师正在给学生们上课。河马老师出了一道数学题：小兔要种萝卜，他用12根1米长的栅栏围成一块长方形地，其中一面靠墙。请问围起来的地的面积最大是多少？

小动物们读题后，个个拿起纸笔，画画写写，教室里一片寂静，唯独小熊举起了手，迫不及待地说出自己的想法。河马老师见状亲切地对小熊说："你有答案了，请把你的想法与大家一起分享。"其他动物也停止了手中的演算，抬起头仔细聆听。"我们学过，当周长相等时，长与宽越接近，面积越大，长与宽相等时，面积最大。迁移到此题，12 米围成了 3 条边，每条边长是 4 米，4×4=16(平方米)，面积最大是 16 平方米。"听了他的发言，有的动物同意，有的提出了质疑。这时小仓鼠站了起来说："我对你的想法提出疑问，这里是靠墙围，情况发生了变化，隐含的规律可能也发生了变化。小熊的想法仅仅是一种猜想，还需要进行验证，我们大家用一一列举的方法，找出所有不同的围法，分别算出面积，再进行比较。"听了他的质疑，小动物们再次拿起纸笔演算起来，纷纷列出了表格，面积最大是 18 平方米。

长/m	10	8	6	4	2
宽/m	1	2	3	4	5
面积/m^2	10	16	18	16	10

河马老师表扬了小仓鼠的大胆质疑，接着引导学生观察表格，说："从表格中，你能发现靠墙围的规律了吗？"这时小动物纷纷举起了手，小熊还没等老师叫他，就站起来说出了自己的发现："我开始的猜想是错的，靠墙围，当长是宽的 2 倍时，面积最大。我要吸取教训，当提出猜想后还要验证真伪。"

河马老师亲切地对小熊说："我们要感谢你，正是你的猜想引起了大家的质疑。我们的正确发现就是建立在你的大胆猜想的基础上的。没有猜想就没有科学的发现，不过提出猜想后别忘了进行验证。"

游老师的话

"正是你的猜想引起了大家的质疑。""我们的正确发现就是建立在你的大胆猜想的基础上的。没有猜想就没有科学的发现，不过提出猜想后别忘了进行验证。"作为老师，我们要给孩子创设民主、平等、开放、和谐、体验的学习氛围，只有这样，才能给孩子们猜想的"火箭"里注入动力。

可以滚的三角形

苏州外国语学校英特三(2)班　汪一诺

今天，我拿着铅笔在滚来滚去地玩，突然发现手里的这支铅笔竟然是三角形的，只不过三条边不是直线，而是弧形的。咦，三角形也可以滚吗？我想起了以前看过的礼花弹，里面说到过有一种三角形可以运东西。

于是，我就跑去问妈妈："这种三角形叫什么名字，我的这支笔的形状是不是那种三角形。"妈妈又和我一起看了一次那个视频，原来这叫莱洛三角形，确实可以用来运送东西，看起来也和我的三角形铅笔形状一样。那我的这支笔是不是莱洛三角形呢？妈妈让我自己想办法验证。

莱洛三角形可以平稳地运送东西，那我只要试试我的铅笔能不能运东西就行啦！于是我拿了很多支这样的铅笔，在上面放了一把尺子和一个骰子，把铅笔整齐排列后往前滚动，只是滚动的过程中需要把后面的笔拿到前面去，呀，真的可以把尺子和骰子从桌子这边送到另一边，而且尺子很平稳，没有摇摇晃晃。所以我认为我的铅笔肯定是莱洛三角形。

我又比较了圆形的笔和六边形的笔，圆形的笔滚起来比莱洛三角形的笔快，而六边形的笔滚起来却不太顺滑。

原来生活中真的处处有数学呢！这个我上次在博物馆看到的莱洛三角形竟然天天在我的身边。

游老师的话

小作者一个偶然的动作发现了"莱洛三角形"，可以看出他是一位细心观察生活、勤于思考、善于动手的好孩子。谢谢你，让我第一次知道了莱洛三角形，并且看到你在"数学地思考"：即验证自己的铅笔是不是属于莱洛三角形，从中我看到了你已经把数学和生活建立起了联系。

除以2的重要性

苏州外国语学校艺术(五)班　金嘉芸

在很久很久以前，有一个面积王国。这个王国里面住着许多数字、符号、图形……它们都过着幸福快乐的生活。

但是有一天，梯形和三角形聚在一起讨论了起来。三角形说："我真是讨厌现在的生活，我们一直要和比我们小的东西接触。"梯形说："对呀，这真是太不公平了！""那你觉得是谁呢?"三角形怪怪地问。"÷和2!"它们两个不约而同地喊出来。

它们想让国王把÷和2开除，于是，它们就把这个理由告诉了国王。国王听了觉得有点儿道理，于是，解除了÷和2的所有工作。

当÷和2不工作后，整个王国都乱套了！

三角形想做一块梯形的布，面积本来应该是$(3+6)\times6\div2$，做布的正方形却把布做成了9×6；梯形想造一个三角形的花园，原来的面积是$2\times7\div2$，可是圆形工人却把它做成了2×7的花园……

大家后来仔细一看，发现原来是÷和2不工作了。大伙儿赶紧恳求国王恢复÷和2的工作，这才让它们的生活步上了正轨。

同学们，计算三角形和梯形的面积时，千万不能忘记÷2，不然会造成大麻烦的！

游老师的话

面积公式被我们的小朋友想象成了一个美丽的童话故事，真了不起！数学符号是数学语言的重要组成部分，数学符号的使用使数学更加直观、简洁、明了。在我们计算三角形和梯形的面积公式时，常常忘记要除以2，通过这个故事，我想你对图形的面积计算应该更熟悉了。

采蘑菇

苏州外国语学校英特六(1)班　阮家铭

花果山上有一只猴子，不但长得帅、穿得酷，数学本领更是高。猴子名叫孙小圣，有只猩猩想邀请他去非洲玩，孙小圣就驾着云彩去了。

有只小猩猩知道孙小圣的数学本领高就想出题考考他，于是把他带到蘑菇房。孙小圣一看乐了，房间堆满了他爱吃的蘑菇，小猩猩看着他笑道："想吃蘑菇可以，但是要回答我一道数学题！"孙小圣心想不就一道数学题嘛，说："好，出题吧！"小猩猩问道："我去树林里采蘑菇，晴天可以采 20 个，雨天只能采 12 个，我一连几天共采了 112 个蘑菇，平均每天采 14 个，请问有几天下雨了？"

孙小圣眼珠一转，开始动脑筋了，一会儿他就回答道："我这蘑菇吃得可不容易啊！但我已经算出来了，有 6 天是雨天。

我是这样想的：一共 112 个蘑菇，平均每天采 14 个，即 $112\div14=8$(天)，假设 8 天都是晴天，应该采 $20\times8=160$(个)，现在实际采了只有 112 个，也就是少采了 $160-112=48$(个)，雨天每天比晴天要少采 $20-12=8$(个)，所以下雨天有 $48\div8=6$(天)。"

小猩猩看孙小圣题解得又快又清晰，对他佩服得五体投地，赶紧回答道："非常正确！请吃蘑菇，想吃多少都行。"

游老师的话

"知识就是力量！"生活中的很多事情都伴随着数学问题。生活中处处要用数学，生活中有数学，数学是生活的缩影。孙小圣的数学思路来源于他对生活的观察，解题的灵感来源于他对数学的认识。假设是常见的一种解题策略，只要我们熟练掌握，为我所用，我们都能成为数学达人。

丰盛的早餐

苏州外国语学校艺术(五)班 王心予

星期一的早上，小猴早早地就起床了，站在厨房旁看着妈妈烧着美味的早餐，心里充满了期待。

不一会儿，早餐就烧好了，小猴跟着妈妈又蹦又跳地来到了餐桌旁，仔细地看着早餐是什么，原来早餐里有三个包子、三碗白粥、三块蛋糕和三个白煮蛋，小猴看了直流口水。“每种早餐都有三份，爸爸、妈妈、你每人一份！”猴妈妈笑眯眯地说道。小猴看着每样早餐都很好吃，不知道先吃哪个，于是问道：“妈妈，我先吃哪个呢？”猴妈妈说：“你自己要有想法，随便先吃哪个。”小猴抓耳挠腮，没有主见，想不出来。

就在这时，猴妈妈心里闪过了一个想法：考小猴一道数学题。“小猴，”猴妈妈平静地说道，“接下来，妈妈考你一道数学题。”“好呀！好呀！我最喜欢数学了！”小猴高兴地喊道。“题目是这样的，有一个包子、一碗粥、一块蛋糕和一只蛋。你不知道先吃哪个，现在你来算算有多少种不同的吃法？”猴妈妈说道。“嗯……应该是有 24 种不同的吃法。”小猴自信满满地说道。“对了，那这道题的过程呢？”猴妈妈开心地问道。“比如固定第一种喝粥，那就有 6 种吃法。如果固定第一种吃包子，那也是 6 种，所以一共有 4 种不同的早餐，合起来就是 $4\times6=24$(种)。”小猴答道。猴妈妈笑成了一朵花：“小猴你真棒！现在你知道先吃哪个了吗？”“知道了，妈妈。”小猴说道。

说完，小猴拿起包子开心地吃了起来。

游老师的话

这篇童话故事再一次让我们感悟到“生活中处处有数学，生活时时用数学”。当你吃早饭的时候，你是否也发现了“搭配规律”呢？我们细心的小作者思路清晰，有序思考，把数学思想渗透在童话故事之中，把数学习惯融合在童话故事之中。你真是好样的！

第六章 数学与环保

环境问题在我们现实生活中变得越来越严峻，你是否也和我们一样关注到环境保护了呢？

环保和数学有联系吗？

在现实生活中，我们可以为保护水资源、大气等做些什么？

我们的小作者们以“数学与环保”为主题，把数学知识和环境保护联系起来。让我们一起走进“数学与环保”的世界。

纸巾为手绢,倡导低碳生活

苏州外国语学校五(2)班　陆又村

星期三轮到我值日,倒垃圾时我发现我们班的垃圾桶里有好多纸巾,白白的一片。记得老师说过,纸和纸巾都是用树木做成的。我心想:这么多纸巾需要砍多少树木啊!回到了家里,我打开电脑,在网上查了查。

生产一吨纸巾要砍伐17棵10年以上的大树。

一张纸巾大约重1.5克,我算一算,我们班一共有60人,以每人每天用两张纸巾来算,全班一天就要用1.5×2×60=180(克)纸巾,一年365天就要用180×365=65700(克),65700克=65.7千克=0.0657吨,0.0657×17=1.1169(棵)。我们一个班一年就要消耗1.1169棵长了10年的大树。我们学校30个班就要消耗1.1169×30=33.507(棵)。

平时我们习惯了用纸巾,没有意识到我们的行为使一棵棵树倒下了。如果我们继续这样浪费纸,过不了多长时间,森林也会变成平地。在倡导低碳生活的今天,请大家改变大量使用纸巾的习惯,重新使用手绢,这样我们的世界才能永远保持绿色。

游老师的话

不算不知道,一算吓一跳,原来很多树木就是在我们不经意间倒下了。我们小作者借助计算、推理,最后用数据说话,倡导我们改变生活陋习,节约用纸,使用手绢,保护树木。

如果我们每天节约一张餐巾纸……

苏州外国语学校二(3)班　何　煦

今天吃饭时，我们班的墨墨同学不小心将汤打翻了，边上的同学急忙拿餐巾纸帮他擦，最后用了将近半包餐巾纸，才将桌面擦干净。

看着一堆的餐巾纸，我突然想到星期天在电视中看到的关于做纸的节目，砍伐工人将大树砍倒后运进工厂，做成木浆，然后经过很多道工序做成一包包餐巾纸。砍倒大树的时候，我好像听到了地球妈妈在流泪说："不要砍树了，地球上的树木越来越少了。"

要是我们每天每人都能节约一张餐巾纸，情况会怎样呢？老师知道我的心思后，给我提了一个问题。

每天一个人节约一张纸，学校一共 3500 人，一共可以节约 3500 张，一个月就可以节约 3500×30=105000(张)，一年就可以节约 1260000 张。

一棵中等大小树可以做多少张纸呢？上网查一下！"一棵树重约 750 千克，为了造纸树干要化成浆，除去废料后，只剩下原来重量的一半(即约 375 千克)。纸浆再变成纸，如果 500 张 A4 那样大小的纸重约 2 千克的话，那么一整棵树可以造约 93750 张(A4)纸。"一整棵树按 10 万张纸计算，一年节约的 1260000 张纸将近需要 13 棵树。

我们一个学校每天每人节约 1 张纸一年就可以少砍 13 棵树，那苏州市所有学校呢？整个江苏省所有学校呢？我们学生每人每天节约一张纸，如果我们所有的人每人每天都节约一张纸呢？

我想数字一定很惊人。

我们都知道，树木是地球之肺，树木可以吸收二氧化碳、释放氧气，树木可以保持水土、抵御沙尘，树木还是小鸟的家。所以我们保护树木，从节约用纸开始。

游老师的话

正如小作者所说："树木是地球之肺，树木可以吸收二氧化碳、释放氧气，树木可以保持水土、抵御沙尘，树木还是小鸟的家。"保护树木，从节约用纸开始，从你我的生活小细节开始。

大树与纸的秘密

苏州外国语学校二(4)班 周倫然

今天吃完饭后，我就开始画画了，画画是我最喜欢的事情，可是今天我的小手好像不太听话，画几笔，我觉得不满意，就又用另一张纸画，一下子就用了五六张纸。这时，妈妈走过来对我说："倫然，你知道纸是怎么来的吗?""知道啊，是用树木制造出来的。""那你这样一张纸上只画几笔就不用了，是不是有些浪费啊?""妈妈，只是几张纸而已嘛!"看到我有些不以为然的表情，妈妈就把我拉到一边说："这样吧，我们一起来做个小小的统计吧!""好啊好啊!"一听到要做数学题，我就来劲了。

"你先算一算，你们二年级一共有7个班，一个班平均40人，一共有多少人?""40乘以7，等于280人。"我很快回答。"好，下面妈妈和你一起算一算，如果每个人每天只是浪费1张A4纸，一年365天就会浪费102200张纸，而一棵20年的大树大约可以制造3000张A4纸，那么仅仅是你们学校二年级的小朋友一年就相当于毁掉了将近34棵成年的大树，那么整个学校呢? 一共有12个年级，那就将近毁掉了408棵大树了。如果再到整个苏州市呢? 整个江苏省呢? 再到13亿人口的中国呢?"我已经算不清楚了，但我也一下清醒了，原来自己这样不经意的行为已经造成浪费了。

"妈妈，我明白了，节约用纸就是在保护小树苗，以后我再也不浪费纸了，我还要去告诉我的小伙伴们，不要再随便多用纸、乱扔纸了。""好孩子，以后啊，我们不仅要节约用纸，还要学会将废纸、废书、废报等收集起来再利用，让我们一起做个环保小卫士好吗?""好，我一定能做到!"我用力地向妈妈点了点头。

游老师的话

数学是神奇的，我们的小作者数眼看环保，得出了我们要节约用纸，要回收利用废纸，养成良好的生活习惯。一个人浪费一点纸好像微不足道，但是如果照这样计算，一个城市的人浪费的纸张就十分惊人了。

让我们从节约每一张纸做起

苏州外国语学校四(3)班　钦　立

“迎着和煦的春风，迈开轻快的脚步，亲爱的少先队员们，走，我们一起去植树……”

还记得三年级学的这篇课文吗？从中我们知道了植树造林的好处，同时它也告诉我们不要乱砍伐树木。然而，我们知道树木是纸的原料，可偏偏有很多人不注意节约用纸，浪费严重，造成成片的树林被砍倒用来造纸……这样就打破了大自然的规律。如果我们节约用纸，自然就用不着砍那么多的树了。

上午，我在一本杂志上看到这样一道题：“某学校有2000人，100张纸大约厚1厘米，10000张纸大约厚1米。如果每人每天节约10张纸，那么20年过后节约的纸大约能堆多高?”我开始动脑筋了：20年大约是$20\times365=7300$天，一天又能节约$2000\times10=20000$(张)纸。所以，20年能节约$7300\times20000=146000000$(张)纸，146000000张纸大约厚$146000000\div10000=14600$(米)。天哪，比一座珠穆朗玛峰都要高好多啊！这个结果让我惊呆了——一个学校一年都要浪费这么多纸，那一个城市，一个国家呢?！这么多纸要砍掉多少森林啊！我不敢往下想了。浪费真可怕！

“迎着和煦的春风，迈开轻快的脚步，亲爱的少先队员们，走，我们一起去植树……”植树造林固然重要，但更要爱护已有的绿化。保护环境，让我们从节约每一张纸做起吧！

游老师的话

小作者再一次用看得见、摸得着的方式给我们讲解了珍惜纸张的重要性和必要性。从孩子推算浪费纸张的张数来看，我们小作者解决实际问题的意识和能力非常强，正是因为有这种“问题意识”的影响，孩子发现和提出问题、分析和解决问题的能力一定能不断提高。

少用木杆铅笔，节约木材

苏州外国语学校四(4)班　朱君予

这个学期妈妈给我买了自动铅笔，我也很喜欢用，因为我知道制作木杆铅笔需要耗费大量的森林资源。森林资源在保护地球的生态环境中起到重要的作用，而我们国家的森林资源越来越少，所以我改用自动铅笔了。可别小看了这小小的自动铅笔，它可以节省许多森林资源呢！到底节约多少呢？让我来算给你看。

一支木杆铅笔可以供一个小学生用两天，有一种自动笔笔芯一根也可以用两天。假设全班 40 个人，坚持一个月，可以少用多少根木杆？以每个月 30 天计算，$30\div2=15$，$15\times40=600$(根)。天哪！每个月全班可以节约 600 根铅笔呢！一根铅笔木杆用木头 30 克，那 600 根就用了 $30\times600=18000$(克)木头，等于 18 千克木头呢！够一棵小树苗了！多么惊人的数字呀！

试想一下，如果全国的小朋友一个月都不用木杆铅笔，会节约多少木材呢？全国有 1.1 亿的小朋友，那么一个月节约的木材就是 $15\times110000000\times30=49500000000$(克)，49500000000 克就是 49500000 千克，就是 49500 吨的木材。这可是要耗费一大片森林呢！

4 月 30 日就是世界地球日了。为了保护好我们的地球这一全人类共同的家园，让我们保护森林，从小事做起！

游老师的话

数学是研究数学关系和空间形式的科学。我们的小作者已经会用数学的眼光分析生活中的事物。在生活情境中运用数学来解释生活中的事理，有理有据，富有说服力。这些都说明了学生不仅仅学会了知识，而且增长了能力。

节约用水从我做起

苏州外国语学校四(3)班　陶桑天羽

经常听到“水是生命之源”这句话，今天又看到了一则“节约用水，人人有责”的广告，让我为之一震。是啊，如果世界上没有了水，该是多么糟糕的事情。顿时，我想起自己每次洗澡的时候，喜欢一边洗一边玩的情景。所以我悄悄地带上了2升的饮料瓶进卫生间，准备一边洗澡一边做实验，运用自己学过的数学知识来测算一下淋浴过程中浪费的水量。

我把瓶子放在水龙头下面，30秒的时间我就灌满了2升水。这么快啊？我很惊讶。我想我每次洗澡都要20分钟，而且水龙头是从来不关的。如果我在洗头涂洗发露时、涂沐浴露时关紧水龙头，最起码也能节约5分钟。如果再加快点动作，还可以再节约5分钟，这样一共可以节约10分钟。如果每次节约十分钟，那我就可以列出以下的算式：$10\times60=600$(秒)，$600\div30=20$(瓶)；$20\times2=40$(升)。我每次洗澡就可以节约40升水！我一年淋浴洗澡300次，可以节约的水量就是$300\times40=12000$(升)，每个人每天喝1200毫升水，那我一年节约的水可以供$12000000\div1200=10000$(人)喝。

通过今天的实验与计算，我感受到自己平时的坏习惯造成的巨大的浪费，以后要养成节约用水的习惯。

游老师的话

真是一事一得！“通过今天的实验与计算，我感受到自己平时的坏习惯造成的巨大的浪费，以后要养成节约用水的习惯。”小作者能从洗澡中体验出节约用水的方法。数学来源于生活，又运用于生活。小作者用数学解决了生活中的实际问题，提高了解决问题的能力，提高了创新意识和应用意识。

拯救海洋危机

苏州外国语学校二(1)班　唐睿希

美人鱼公主 Tina 今天特别开心,因为她在海上要开一个欢乐的 Party,而主题就是"Sunning",因为她们水族长期生活在水底,很少见到阳光,而近年来人类的各类污染、排放的废水废物让她们海洋王国的环境越来越恶劣,能偶尔露出海面,像人类一样悠闲的晒晒太阳是件奢侈的事情。

今天应邀来参加的都是她平时最好的朋友,有 5 只海豚,8 只螃蟹,来的小丑鱼是海豚的 2 倍,共有 $5\times2=10$(只)呢,海星和螃蟹一样多,还有 3 只小海豹,总共有 34 位小伙伴。Party 的地点就定在海洋礁石花园的东南角,大家都早早地聚到了这里,当海洋时钟的时针指向 8 的时刻,Party 正式开始了。大家沐浴在阳光下,呼吸着不一样的空气,开心又舒畅。忽然,Tina 公主闻到一股刺鼻的味道,不一会儿大家都被这难闻的味道熏得头晕晕的直恶心。"又有人类排放污水啦,大家快去想办法!"公主发出命令,大家都去找污染源,发现不远处有一个排放口流出了大量碳氮磷、重金属类污染液体。"海豚! 快去取我们海洋王国新发明的绿泥胶,我们要立刻封锁这个排污口,堵住污水排放,绿泥胶还可以帮助有害重金属排放物转换为有用的元素。""公主,这个洞看上去有 6 平方米左右,我们该取多少呢"? 公主想了想说道:"每块是 90 公斤,你们拿 10 块来吧,$90\times10=900$(公斤)应该够了。"于是,大家分头忙碌起来,不一会儿就封堵了排污口,大家高兴地欢呼起来。

大家离开时,Tina 公主给人类留下了一封信,她呼吁人类一起拯救我们共同的生存环境。在中国目前已经有超过 70%的河流、湖泊、海岸受到污染,90%的城市地下水受到污染,海洋王国也遭到了大面积的危害。虽然中国地大物博,可人均水资源只有世界平均水平的$\frac{1}{4}$,干净的饮用水将成为宝贵的资源。而人类每年丢弃在海洋里的塑料废弃物要夺取海洋王国 10 万条海洋生命。只要大家增强环保意识,保护环境,从小做起就能逐渐改善海洋危机,共创美好家园!

游老师的话

童话故事里说的都是真的！我欣喜地看到学生发现问题、提出问题、分析问题、解决问题的能力不断提高，考虑问题也更加全面。数学日记就是孩子的一台录像机，孩子们用它记录每一个有意义的精彩瞬间。学贵有思、学起于思，在思考的过程中学生用数学的眼光看待生活。这样的数学学习是生动活泼的，富有个性和主动的。

环保小卫士

苏州外国语学校英特二(1)班　杨思妤

每周日，妈妈都会带着我和哥哥乘地铁去老师家上钢琴课。妈妈说这样可以减少碳排放，保护环境。

我们从玉山公园站到广济路站共有5站，每站乘车时间为2分钟，2×5=10(分钟)，我们路上仅仅用了10分钟而已，以前妈妈开车还要20分钟。20－10=10(分钟)，这样算来我们单程就省了10分钟，10×2=20(分钟)，每个星期去上钢琴课的来回路程我们在时间上就节省了20分钟。妈妈说到王老师家的路程来回大约10000米。如果不开车子，乘地铁可以减少碳排放2.7千克，相当于种了半棵树，那么两个星期就相当于种了1棵树，1个月有4个星期，就相当于种了2棵树。1年有12个月，12×2=24(棵)。

哇！我们小小的举动居然能为环保做出那么大的贡献！让我们人人都行动起来，争取成为环保小卫士吧！

游老师的话

小举动，大贡献！每天少开车，环保做贡献。孩子能够把数学知识和现实生活紧密联系起来，学数学用数学的意识非常强。数学来源于生活，存在于生活。孩子能从少开车发现减少碳排量，这是十分可贵的。

森林的秘密

苏州外国语学校二(1)班 屠育玮

小朋友,你知道吗？一棵树一天能制造氧气 100 克,那么一星期就能制造 700 克氧气,一个月大约能制造 3 千克氧气,按照这样计算下去,一年大约能制造 36 千克氧气。同时,一棵树可以制造 64 张 A4 纸,如果我们一天用三张,一星期就用掉 21 张,一个月就用掉 90 张,那么一年就用 1080 张,这就用了 17 棵树,而这 17 棵树每年可以给地球制造 612 千克氧气!

如果能爱护树木,从节约用纸开始,我们的生活将会多么美好啊!

游老师的话

"如果能爱护树木,从节约用纸开始,我们的生活将会多么美好啊!"生活中的许多环保问题都是在不经意间引起我们的思考,激发起我们探索的兴趣。我们老师要做的就是保护学生这种探究的欲望。

垃圾与空气污染指数

苏州外国语学校四(4)班 苏 文

今天下午,我下楼去骑自行车,妈妈去买菜。可刚到小公园,就看到了满地的垃圾,望着这惨不忍睹的垃圾,妈妈决定带着我一起去捡垃圾。捡着捡着,我问妈妈:"我们为什么要捡垃圾呢?""那是因为这样有利于环境的美化,环境决定了我们的生活和心情。看着满眼的垃圾,你会高兴吗?”妈妈笑了笑回答我说,“现在的空气污染指数是45,如果一个人每天丢10公斤的垃圾,空气污染指数就会是现在的1.1倍。现在两个人扔垃圾,那么一年之后,空气污染指数会是多少呢?”

我回到家,拿起草稿本想算算这笔账。可刚拿起笔,就遇到了问题:45怎么乘1.1呢?经过苦思冥想,终于想出了方法:先把1.1看成11,再乘45等于495。最后再在5的前面添加一个小数点,就是平均一个人扔了垃圾一天的污染指数,再乘2就是99,最后再乘365(天)。最后的结果很令人吃惊,竟然是36135!所以捡垃圾是非常必要的。

今天虽然没骑成自行车,但能为小区卫生做贡献也是挺骄傲的。同学们,想要保护环境,就要从身边的小事做起哦!

游老师的话

“想要保护环境,就要从身边的小事做起哦!”多么聪明、多么热爱生活的孩子,你的巧妙算法让我为你竖起了大拇指。掌握了知识还能够灵活去解决实际问题,学以致用真好!

帮老爸算一算汽车的油耗

苏州外国语学校英特四(3)班　封琦莹

春节到了,我们一家人准备外出去自驾游,目的地——厦门。出发前老爸对我说:“莹莹,这回我们出去旅游,一路上你顺便帮老爸算算咱家汽车的油耗吧?”我欣然接受了老爸的这个任务。

首先,我在网上查了一下,我们通常所说的汽车油耗是指每百公里所燃烧的汽油总量,即百公里汽车油耗=燃烧的汽油总量÷总的行驶里程×100。这样的话，我只要知道这次旅行的总里程数和行驶这段路程所燃烧的汽油总量，就可以帮老爸算出他的汽车油耗了。

出发时，我先让老爸把油箱加满，同时我也记下了出发时老爸的汽车里程表的读数是 53000 km。接着，我们一家人就快乐地踏上了厦门之旅。在经过长达 12 个小时的行驶之后，我们终于到达了此次的目的地——美丽的厦门鼓浪屿。老爸这时又在加油站把油箱加满了，我记下了此时里程表的读数正好是 54200 km。这一路上，我们一共加了两次油，一次 55 升，一次 50 升。

到达宾馆后，我就迫不及待地开始计算：

总的行驶里程：54200－53000＝1200(km)；

燃烧的汽油总量：55＋50＝105(L)；

百公里汽车油耗：105÷1200×100＝8.75(L)。

所以，老爸的汽车百公里油耗为 8.75 升。当我把这个结果告诉老爸的时候，老爸开心地笑了，说："我们家莹莹真棒，数学学得非常好！"在帮爸爸算出油耗后，我也觉得很有成就感，同时也明白了生活中到处都有数学，所以我以后要更加努力，把数学知识学好！

游老师的话

小小年纪就能够运用数学知识解决日常生活中的实际问题，真了不起！小作者在生活中主动地运用数学，有很强的应用意识，我们要做聪明的老师，创造条件，让孩子在用数学的过程中增长智慧。

神奇校车的旅行

苏州外国语学校二(2)班　王嘉晟

前几天又出现了雾霾，体育课都不能上了。明天就是周末啦，期待天气好转，就可以和爸爸妈妈一起去莲花岛玩了！这个地方我还没去过呢，我急忙打开电脑，跟爸爸一起查找地图。从家里出发先往东走，然后再往北走，那莲花岛应该在我家的东北方向啦！妈妈对我说："明天9点出发，你今晚什么时候睡觉呀？"我每天要睡9个半小时，出发前准备需要40分钟，合起来一共需要10个小时10分钟。这样倒推回去我10点半睡觉比较合适，现在是9点20分，所以我还可以玩1小时10分钟。嘿嘿！看看我最爱的《神奇校车》吧！

晚上睡觉我就做了一个神奇的梦。我竟然遇见了卷毛老师。我对她说："卷毛老师，我知道你有魔法，能不能告诉我怎样减少PM2.5，让我明天能出去玩啊？"卷毛老师竟然答应了，不过她说要想减少PM2.5，先要知道它从哪里来呀！

刚说完，她就开着神奇校车带我钻进了一辆汽车的尾气排放管。天哪！一进去，就差点把我熏晕过去。卷毛老师说："这些都是污染空气的有毒气体和微小的颗粒。你知道吗？一辆汽车每行驶1公里就要排放5毫克的PM2.5，苏州大概有250万辆车，假如都行驶1公里，你可以算算每天要排放多少PM2.5？"我计算了一下，应该是250×5=1250(毫克)，再乘上1万，就是1250后面添4个0喽！卷毛老师说："那就是1250万毫克啦，1000毫克等于1克，1000克等于1千克……"我接着说："所以1250万毫克就等于12500克，也就等于12.5千克"。我一下惊呆了！"而且你要知道很多车每天不只开1公里哦！所以……"卷毛老师说道。神奇校车带着我们终于冲出汽车尾气管，落在一片绿色的树林中，我一下子精神了不少！"树林可以净化空气，吸收二氧化碳，当然也减少了PM2.5！现在你知道怎样减少PM2.5了吧？"卷毛老师刚说完，就消失不见了！

"天气好了，快起床出发啦！"这好像不是卷毛老师的声音，原来是妈妈的声音。我一骨碌坐了起来，问："妈妈，我们今天乘地铁去玩吧，不要开车啦！减少PM2.5嘛！"妈妈夸我说："好呀，怎么突然变成环保小卫士了！"嘿嘿！她还不知道我梦见了卷毛老师呢！

游老师的话

我们的小作者也是蛮拼的！为了环保，主动选择乘坐公共交通工具出行。通过数学推算，小作者发现汽车尾气对环境的影响，孩子在运用数学知识的同时，也体会到了数学的作用。

环保中的数学

苏州外国语学校四(1)班　葛浩桐

说起环保，我想起了每天早晚接送我们上学的一辆辆汽车。虽然方便，但汽车的尾气对空气污染很严重，所以现在中国各地都有雾霾。每当我看到那令人作呕的乌烟瘴气把湛蓝的天空给染成灰色时，我的心头总涌起一股无名之火，为了调查坐哪种交通工具最环保，我算了一下：

一辆汽车一天大约最少排放2.74千克尾气。就算一辆公交车可以坐30个人，如果这30个人都开一辆车，那么就是：2.74×30＝82.2(千克)尾气。那么一年下来就是：82.2×365＝30003(千克)＝30(吨)3(千克)尾气。看看吧，这只是30辆车一年创下的“屡屡战功”。可天下有千千万万的车，那排出的尾气可能用数字已经概括不清了。公交车，我们就算它一天排出20千克，一年365×20＝7300(千克)尾气，如果那30个人每天都不开车，就可以少30003－7300＝22703(千克)＝22(吨)703(千克)尾气排出。这真是不算不知道，一算吓一跳啊！可能有些人说骑自行车不是更环保吗？对，但如果路程比较长，公交车还是最好的选择。

我决定，从明天开始，我也坐公交车来上学。请大家行动起来吧，现在开始还不晚！

游老师的话

数学知识来源于生活，学生在课堂中获取了知识之后又运用到现实生活之中！为了碧水蓝天，小作者倡导我们乘坐公共交通工具上学，你我一起行动吧！

节约资源，保护环境

苏州外国语学校四(2)班　俞思悦

随着科技的不断提高和气候的不断变暖，人们对能源的消耗也越来越大，自然资源也不断消耗，使得我们赖以生存的地球环境也变得越来越恶劣，所以我们应该提倡低碳生活，节约资源，保护地球环境。

水和电是我们日常生活中最常用的能源。我们平常生活中浪费一滴水，浪费 1 度电可能是一件很平常的事情，但是我们国家是个人口大国，大约有 13 亿人，如果每个人能节约一滴水，节约 1 度电，那汇总起来的数字是大得难以想象的。例如：我们全国每人节约一滴水，我做了个实验，在水龙头下滴 1000 滴水，称了称，1000 滴水重 200 克，我动手算了一下 $1300000000 \div 1000 \times 200 = 260000000$ 克 $=260$(吨)。真是不算不知道，一算吓一跳。如果按每个人每个月用 3 吨水来计算，那么这些水足足可以满足一个人 7 年的用水量，多么恐怖的数据。再例如：如果每个人每天节约 1 度电，那么 13 亿人每年就可以节约 4745 亿度电，而江苏省一年的总的电需求量就在 5000 亿度左右。从而可以看出，每个人只要节约很少很少的量，一旦 13 亿人汇总起来，那个总量还是很大很大的，所以节约是多么的重要，浪费是多么可怕呀！

我们应该从生活的点滴做起，节约用水、节约用电。节约是一种美德，让我们大家共同努力，节约资源，让我们的环境变得更加美好。

游老师的话

正如小作者所说：“我们应该从生活的点滴做起，节约用水、节约用电。节约是一种美德。”这篇数学日记让我们感受到了数学给孩子的不仅仅是分析、思考和思想的锻炼，而且带给孩子理性的思维和应用意识。

竹林挖笋记

苏州外国语学校二(1)班　王谷凡

春天来了，万物复苏，我和爸爸妈妈一起去莫干山春游。

莫干山有茂密的树林和竹林，远远望去，就像一座绿色的金字塔。我们迫不及待地钻进了茂密的竹林。哇！一进竹林就看到了刚长出的新鲜竹笋，遍地都是。我兴奋地拿起小锄头开始挖笋。这时爸爸走过来，说："竹笋可不能滥挖哦！如果滥挖，都挖光了，你想想会怎么样？"我想了想说："那新长出来的竹子就会越来越少了。"爸爸说："对，竹子和树一样，都是绿色植物。如果滥挖就是破坏环境的行为，也是不环保的。"我问："难道我要把挖的种回去？"爸爸说："都没根了还怎么种，放到袋子里吧！这样，我们每看到 5 个竹笋就挖一个。"我觉得这个办法很好，就顺着山路向前走去。下山时，我们满载而归。我数了一下，哇！原来我一共挖了 12 棵笋。我想："今天我既保护了环境，又可以吃到竹笋，太好了！"爸爸说："你今天一共看到了几棵竹笋？"我眼珠一转，想出了计算方法：是 12×5，不过好像没学过。我又想出了办法：12×5＝10×5＋2×5＝60(棵)。我说："我们共看到了 60 棵竹笋。"爸爸又问："那你保护了多少棵竹笋呢？"我采用了 60－12 的方法。60－12＝48。我说："我保护了 48 棵竹笋。"这时，妈妈把挖到的笋全部拿出来问道："你来看看，挖的笋最长的有多长？最短的又有多长？"我身边没有尺子，怎么量？我灵机一动，想起我手指的一拃是 14 厘米。最长的笋有 3 拃，就是 42 厘米。最短的是 2 拃，是 28 厘米。

爸爸妈妈夸我会动脑筋，我擦擦头上的汗水，开心地笑了。

游老师的话

小作者在数学和生活之间架起了一座桥梁，沟通了生活和数学的联系。孩子在用数学的过程中感受到数学的价值，既获得了美味，又保护了环境，一举多得，何乐不为！

小筷子，大资源

苏州外国语学校二(4)班　徐睿希

星期六晚上，爸爸、妈妈和我一起去饭店吃饭。服务员阿姨忘记给我们摆筷子。我急忙跑去问服务员要筷子，我说："阿姨，能给我几双一次性筷子吗？"阿姨说："好啊。"这时妈妈说："宝贝儿，我们不需要一次性筷子，我们带了自己的筷子。"我问："为什么呢？一次性筷子不是很方便吗？"妈妈说："虽然一次性筷子比较方便，但它是用木材做的，每年为了生产一次性筷子，不知砍伐了多少树木。如果我们每人少用一双一次性筷子，全国有13亿多人口，就可以节省13亿多双，那么我们一年就可以节省365×13=4745(亿)多双筷子。这样一来，我们就可以少砍伐非常多的树木。保护环境我们要从点滴做起，今天我们就从这双筷子开始吧！"

我听完妈妈的话后感悟到：保护环境原来可以从改变一个坏习惯开始，只要我们都能从小事做起，一双小小的筷子也能节省大大的资源！

游老师的话

小筷子，大资源！"保护环境原来可以从改变一个坏习惯开始，只要我们都能从小事做起，一双小小的筷子也能节省大大的资源！"小作者用生动、形象而活泼的语言引导我们要节约资源，保护环境，真是巧思妙语！

一次性筷子的危害

苏州外国语学校国际一部英特四(2)班　陆耀宇

当我每次路过小吃店的时候，总会发现大大的垃圾桶里面躺着一双双沉睡的一次性筷子，这些可怜的筷子为人们服务，被使用一次后却被无情地随意丢弃。

筷子是中国人的主要餐具，是中国饮食文化的重要体现。但近些年来，当古老的传统遇到现代社会快速、便捷、卫生的价值观时，国人对这项餐具的耗费让人触目惊心。平时，我就想通过观察一家小吃店，统计它们一天使用的一次性筷子的数量，来算算人们浪费的木材。据我观察，中午的人流量最多，大约有40人左右，而上午和晚上大约各有20人。按整数计算，这样$40+20\times2=80$(人)，也就是要使用80双一次性筷子。照这样计算一年就要使用$80\times365=29200$双，一家小吃店一年要用掉29200双筷子。我查阅了相关的资料，发现如果用一棵一年的树来做筷子，可以做成100双一次性筷子。换句话说一家小吃店一年就要砍掉这样的小树292棵。那整个苏州呢？乃至整个中国呢？这真是令人震惊啊！而这些一次性筷子被随意丢弃，又影响了环境卫生造成了第二次污染；砍伐树木，影响造林，减少氧气，造成水土流失。

我建议大家使用可重复使用的筷子，这样我们就可以少砍树木，并积极参加植树造林活动，通过我们的行动让环境变得更好！

希望人人都行动起来，创造更美好的世界！

游老师的话

节约资源，珍惜环境，人人有责！小作者对自己感兴趣、好奇的知识去主动查找资料，这是一种非常优秀的学习习惯，我们要保护好孩子自主学习的兴趣，保护孩子的求知欲望。

小小废电池的自述

苏州外国语学校二(2)班 严 涵

我是一节小小废电池，我为主人服务了一生，耗尽了我全部的能量，如今小主人却把我任意丢弃在垃圾筒里，即将和其他垃圾一起进入垃圾场。可是你们知道吗，我和它们并不一样，任意丢弃我，会造成很大的危害。

废旧的我含有锰、汞、锌、铬等重金属。这些重金属不但能污染环境，而且还会危害人们的身体健康。如果把我随意地扔到大自然中，我将会污染水资源、污染土壤。我身体中的有害物质也会通过各种途径进入人类的体内，它会影响人类的造血功能和骨骼，甚至还会导致癌症。

据科学家统计，一个纽扣大小的我被丢弃到大自然后，我体内的毒素能污染60万升水，相当于一个人一生的用水量。中国每年要丢弃这种电池70亿个，你想想看，一年要污染多少升水？十年呢？二十年呢？……

可见，乱丢我的危害实在是太大了。小主人，快快把我捡起来，放到废电池回收站，这样，不仅保护了环境，还能发挥我的余热呢！

游老师的话

通过利用数学知识对生活中乱扔废旧电池进行分析，体现了环保理念。用数据说话，摆事实，讲道理，对于其他人来说也是很有说服力的。数学知识的严谨性和应用性在孩子的分析中体现出来，我惊叹于孩子们对数学知识的应用是这么娴熟！

变废为宝

苏州外国语学校五(2)班　崔　笑

一张使用过的白纸，一瓶喝空了的易拉罐，一只拆空了的包装箱……虽然我们不会过多地在意它们，可它们正在被一点一点地浪费着。

据统计，每个家庭平均一天就会产生0.5千克废品，以中国为例，中国大约有13亿人口，按三口之家算，那就约有433333333个家庭，一天就会产生大约433333333×0.5＝216666666.5(千克)＝216666.6665(吨)废品，整个世界岂不是更多？这样惊人的数字确实让人难以置信。比如像随手丢弃的废电池，每节就能产生0.0017千克废气，那我国每年都有60多亿节被随手丢弃的废电池，就会产生大约60×0.0017＝0.102(亿千克)的废气，那对人类的危害有多大呀！

我陷入沉思，这些被废弃的资源如都能重新被利用，世界一定就会变得更加美好。现在国家正在提倡低碳生活，我们如何变废为宝呢？把丢弃的废旧易拉罐收集起来可以制成精致美丽的金属用品，所有的废电池合起来的能量可以使一台大型机器人维持动力10个月，每人每天节约一张纸可以挽救一片绿洲……

光浪费不懂得环保，一定会给人类带来天大的灾难，只要我们懂得节约，那么废品将会变成宝贝。

废灯制作的油灯

利用枯树枝制作的花盆

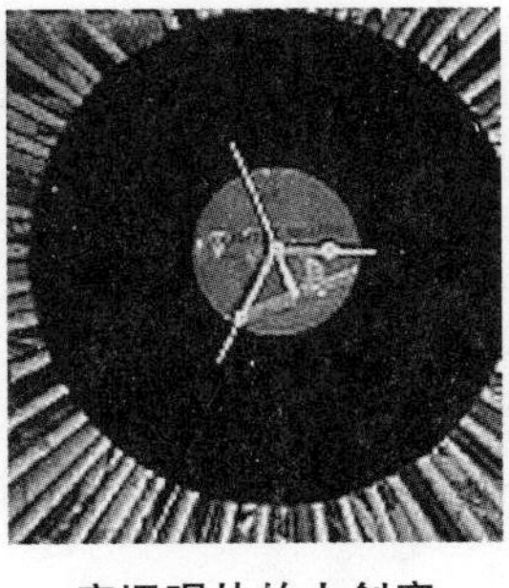

废旧唱片的小创意

游老师的话

俗话说:“世界上本没有绝对的垃圾,只有放错地方的资源。”我们的小作者运用废旧物品制作出如此精美的艺术品,非常了不起!佩服!实在佩服!他们用自己的眼睛去观察、用自己的头脑去思考、用数学的思维去创造,通过主动探索,去发现数学带给我们的神奇。

后 记

一位草根教师的三种活法

我常常思考:一个人为什么活?该怎样活?

人总要有一些梦想,有的人是为梦想而战、为梦想而生。陶行知说:“人生天地间,各自有禀赋。为一大事来,做一大事去。”我想天下大事必先成于细,我可能是“为一小事来,做一小事去”。

以前我做班主任时,我觉得把一个班级的学生教育好:学生懂礼仪、讲文明、晓规则、会求知,我觉得我是快乐而幸福的;后来做年级组长,一个年级 10 个班级,400 多个孩子,我认为把一个年级的学生培育好了,我是成功的!再后来成为教科室、小学部中层干部,我发现通过阅读、沙龙活动等形式带领一支队伍走向专业成长,我是开心而受益的!现在我成为校长,我不能停留在当下的快乐,而应该成就孩子未来的幸福,我把一个学校的孩子引导好了,那将来可以说是幸福一个个家庭,稳定一方天地。

作为一位草根教师,我有自己的三种活法:

“身心健康。”即不仅要身体健康更要精神愉悦。从 2015 年上半年腰椎间盘突出住院以后,当我躺在病床上,我害怕了!人只有躺在病床上才会想到珍惜自身的健康。一个人,只有拥有健康的体魄,才有本钱爱周围这个世界、爱自己的学生、自己的家人。2015 年上半年,我坚持倒走;下半年,我积极准备基本功竞赛;2016 年上半年,我在学校带头投身于教科研,半年以来,我已经有 7 篇文章发表在省级以上刊物上,其中《概念教学中先学后教:以认识比为例》《积累数学活动经验的误区以及策略》发表在《教育研究与实践》上,《基于模型思想下的小学数学教学》发表在《泰州教育》上;2016 年下半年,我将向一身肥膘发起挑战。

“思考当下。” 即凡事要思考，思考教育、思考教学、思考与人沟通、思考学生的素质培养之道……思考如何善待我的学生，做一个称职的老师；如何善待我的教学，做一个永葆激情梦想的追梦人；如何善待我的同事，做一个有情有义的人；如何善待我的事业，做一个匠气十足的教书匠……认真做好每一件事，即使放下粉笔、拿起书籍，也要凭借对学生的珍爱去唤醒孩子内在求知的力量，使孩子在成长过程中得到历练与收获。

“追求梦想。” 即人生是要有梦想的。俗话说：“人生无目标，犹如大海航行没有方向。”追求梦想首先做人要求真，说真话、干真事、做真人、不违心、不虚伪、不欺骗。

其次是追求完美，课堂讲错了的内容不要遮丑，无意中伤了孩子需要道歉，若是在教学过程中出现了不认真备课而走进教室，作为教师的我一定会羞于见人……

最后是不断超越自我，以尊重每一个生命的平等而神圣！这就是我，一个真实的人，风光也好，落魄也罢，皆以素面示人。

大道思远，大道至简，大道不孤。作为一名一线草根研究者，我很高兴地看到自己的教学实践形成文字。在写作过程中，我力求将理念和案例结合起来，用师生共研的形式对自己的教学和研究再次梳理和反思。这也是对教育思想的重新碰撞和智慧迸发。如果这本书的一些想法能和一些老师引起共鸣，那也是这本书的价值所在。

在写这本书的过程中，我要特别感谢苏州教科院小学数学教研员刘晓萍老师、高新区小学数学教研员袁凤珍老师，是她们一路鼓励我、引领我逐步成长，在此书的修改过程中给我许多建议，感谢她们在百忙之中为此书作序；感谢东南大学出版社丁志星老师为此书的出版给予帮助；感谢学校提供给我一个研究教学的文化场；感谢我的妻子黄明英和儿子游致谦对我钟情的教育事业给予支持、包容和理解。

我唯有加倍努力前行，培育更多精英以答谢我生命之中的各位师长贵人，谢谢！

游小云
2017 年 4 月